मनु की दृष्टि से हिंदू समाज

चित्रा अवस्थी

सहलेखक

डॉ. पवन मिश्रा

प्रतिभा प्रतिष्ठान, नई दिल्ली

प्रकाशक : प्रतिभा प्रतिष्ठान,
694–बी (निकट अजय मार्केट), चावड़ी बाजार, दिल्ली–110006
 / संस्करण : प्रथम, 2022 / मूल्य : तीन सौ रुपए
मुद्रक : आर–टेक ऑफसेट प्रिंटर्स, दिल्ली ISBN 978-93-92012-08-2

MANU KI DRISHTI SE HINDU SAMAJ

by Smt. Chitra Awasthi ₹ 300.00

Published by **PRATIBHA PRATISHTHAN**

694-B (Near Ajay Market), Chawri Bazar, Delhi-110006

प्रस्तावना

किसी सामान्य व्यक्ति ही नहीं, बल्कि भारतीय सामाजिक व्यवस्था के किसी गंभीर अध्येता से भी यदि कहा जाए कि जाति व्यवस्था और प्रदत्त परिस्थिति के विरुद्ध सर्वाधिक प्रभावित प्रयास करने का श्रेय मनु को है तो वह न केवल चकित होगा, बल्कि जोर-शोर से प्रतिरोध पर उतर आएगा। भारतीय प्रणालियों और प्राचीन पाठ्य-सामग्री के अध्ययन-मूल्यांकन में इस प्रकार के सैद्धांतिक परिप्रेक्ष्य कोई अपवाद नहीं हैं। संदर्भ एवं उद्‌देश्य को दृष्टिगत न रखने, ऐतिहासिक प्रमाणों से पुष्टि की परवाह न करने और औपनिवेशिक मनोदशा एवं प्रशिक्षण का यह स्वाभाविक दुष्परिणाम है। इतिहास और पाठ्य-सामग्री को धरातलीय चुनावी राजनीति की दृष्टि से देखने की प्रवृत्ति इस समस्या को बहुगुणित करती है। भारतधर्मी परिप्रेक्ष्य औपनिवेशिक बौद्धिक चक्की के वाम-दक्षिण पाटों के बीच पिसता रहा और बौद्धिकता से संचालित होने की जगह राजनीति बौद्धिकता को संचालित करती रही। यह एक विशद समस्या है, जिसका विस्तार भारत ही नहीं, समस्त औपनिवेशिक विश्व में पाया जा सकता है। इस प्रवृत्ति के राजनैतिक लाभों से प्रेरित विद्वानों का प्रिय निशाना मनु रहे हैं। अत: उक्त अपविमर्श के प्रतिरोध के लिए मनु के वास्तविक मूल्यांकन का बौद्धिक साहस अपेक्षित और अपरिहार्य है। मूल 'प्रश्न' यहाँ 'उत्तरों' का नहीं, बल्कि स्वयं 'प्रश्नों' का है। प्रश्नों और प्रस्थान बिंदु का निर्धारण विमर्श की प्रकृति और परिणाम का निर्धारक होता है।

भारतीय जाति व्यवस्था, वर्ण व्यवस्था और मनु (अन्य स्मृतिकारों) की

चर्चा पर आधारित कर दी जाती है। इन धारणाओं के उद्‌गम और वैधता की चर्चा की आवश्यकता सामान्य पाठक तो दूर औपनिवेशिक प्रभावों से आक्रांत अकादमिक मस्तिष्कों को भी अनुभव नहीं होती और न ही वे ऐसा कोई इरादा रखते हैं, जिससे उनकी राजनैतिक उपयोगिता पर प्रश्न-चिह्न लगे। पी.वी. काणे के बाद धर्मशास्त्रीय साहित्य पर किसी ने कोई आधारभूत विशद कार्य करने की आवश्यकता न समझी। भारतविद्या-शास्त्र के प्रसार को यत्नपूर्वक कुंठित किया गया। पाठ्‌यक्रमों में भ्रामक अवधारणाओं को यत्नपूर्वक संरक्षित किया गया। जाति व्यवस्था के संदर्भ में ऐसी ही कुछ अवधारणाएँ हैं—

- जाति एक पूर्णतः बंद व्यवस्था है, जबकि पूरे इतिहास में हमें जातियों के ऊर्ध्वाधर गत्यात्मकता प्राप्त होती है।
- जाति की उत्पत्ति वर्ण से हुई, जबकि स्वयं मनु ने अनेक जातियों का उल्लेख किया है।
- जन्मना प्रस्थिति निर्धारण भारत में ही पाया गया, जबकि न्यूनाधिक रूप से यह सभी समुदायों में पाई जाती है।
- जाति में व्यवसाय पूर्णतः निर्धारित होता है, जबकि युद्ध, व्यापार, कृषि आदि व्यवसाय विभिन्न जातियों द्वारा अपनाए जाते हैं।
- धर्मशास्त्रीय नियम अनम्य, जड़ एवं अपरिवर्तनीय हैं, जबकि समय-समय पर (सैकड़ों वर्षों के अंतराल पर) आचार संहिता में संशोधन हेतु शताधिक स्मृतियों की रचना हुई।
- धर्मशास्त्रों की रचना ईसा से कुछ सौ वर्ष पूर्व से कुछ सौ वर्ष बाद के कालखंड में हुई, जबकि यह निर्धारण बहुत ही अनुमानित और सीमित पाश्चात्य काल-बोध पर आधारित है। भारतीय मानस को ऐसी ही प्रवृत्ति हमें धर्मशास्त्रों और भारतीय समाज में स्त्रियों की स्थिति को लेकर प्राप्त होती है। परंपरागत परिवार आधारित उत्पादन प्रणाली, जिसमें महिलाओं की भी भागीदारी थी, को ध्यान में न रखकर आपवादिक घटनाओं, प्रवृत्तियों एवं उल्लेखों का एकांगी चयन उदाहरण के रूप में करके भारतीय समाज की विकृत

छवि प्रस्तुत की गई और भारतीय अकादमिकों ने उसका प्रतिरोध तो दूर, उसे सहर्ष स्वीकार किया। एक बौद्धिक हीनता के भाव से उत्पन्न विमर्श ने भारतीय जनमानस को अपराध-बोध और स्वनिरस्तीकरण के भाव से भर दिया।

भारत के एक छोर में स्थित छोटे से क्षेत्र में कुछ कुलों में पाई जानेवाली सतीप्रथा को कुछ ऐसे प्रस्तुत किया गया, जैसे यही आम चलन है, तो दूसरी ओर प्रचुर मात्रा में प्राप्त ऐसे उदाहरणों को किनारे कर दिया गया, जिनसे यह स्पष्ट था कि स्त्रियों, जिनमें विधवाएँ भी थीं, द्वारा शासन की बागडोर हाथ में लेना भी कोई अनोखी घटना न थी। रुद्रम्मा, अहिल्या बाई, अवंती बाई, लक्ष्मी बाई, चेनम्मा आदि अनेक ऐसे उदाहरण हैं। संक्षेप में एक स्वप्नलोकीय कल्पना रचकर उससे भारतीय व्यवस्था के मनचाहे उदाहरणों की तुलना कर एक हीन समाज की छवि प्रस्तुत कर दी जाती है, अंततः इस सबका अपराधी मनु को सिद्ध किया जाता है।

इन अनेक वैमर्शिक समस्याओं का मूल पद्धति-शास्त्रीय विभ्रम है। किसी विषय अथवा विमर्श की अध्ययन पद्धति या पद्धति-शास्त्र उसके उद्‌देश्य और विषयवस्तु पर निर्भर करता है। अतः उसका मूल्यांकन करते हुए उस उद्‌देश्याधारित पद्धति को ध्यान में रखना आवश्यक है। एक ललित निबंध का मूल्यांकन एक शोध-पत्र के मानकों पर नहीं हो सकता है। मनु तथा अन्य धर्मशास्त्र मात्र अकादमिक ग्रंथ नहीं हैं, न ही वे राजनैतिक घोषणा-पत्र हैं। इनका उद्‌देश्य कोई स्वप्नलोकीय पाखंड भी नहीं है। मनु का उद्‌देश्य अत्यंत जटिल एवं दुष्प्राप्य है। एक ओर उन्हें सामाजिक यथार्थ का संहिताकरण करना है तो दूसरी ओर इसमें संशोधन एवं परिवर्धन का भी लक्ष्य है। यह संशोधन-परिवर्धन भी तत्कालीन राज्यव्यवस्था की सीमित क्षमताओं के अंतर्गत ही संभव करना है। इसलिए धर्मशास्त्रों में उल्लिखित समस्त व्यवस्थाओं-प्रचलनों को अनुशंसा समझना भूल है। यही कारण है कि प्रायः हमें प्रशस्त-अप्रशस्त का भेद प्राप्त होता है।

सुदृढ़ सामाजिक व्यवस्था की स्थापना और परिवर्तनों को अंगीकार

करते हुए संहिताबद्ध कर प्राचीन परंपरा में समाहित करने की क्षमता के सहारे स्मृतियों ने भारतीय समाज को वह संश्लेषणात्मक क्षमता प्रदान की, जिसके बल पर भारतीय समाज एवं संस्कृति के साहित्य की रक्षा हो सकी। के.एम. मुंशी कहते हैं कि प्रत्येक काल और क्षेत्र के अनुकूल विधि-संहिता उपलब्ध कराते हुए धर्मशास्त्रों ने हजारों वर्षों तक भारत को एकताकारी शक्ति प्रदान की। इसके पीछे स्मृतियों की विषयवस्तु की व्यापकता निहित है। स्मृतियों में वैयक्तिक और सामाजिक जीवन के प्राय: सभी पक्षों को समाहित कर लिया गया है, अत: बाह्य प्रभावों की सक्रियता हेतु भारतीय व्यवस्था में कहीं भी शून्य की प्राप्ति नहीं होती। यही कारण है कि भारतीय संस्कृति के संपर्क में आनेवाली विभिन्न प्रजातियों, मतों एवं संस्कृतियों के लोग अंतत: यहाँ की स्मृति आधारित व्यवस्था को शनै:-शनै: आत्मसात् करते गए। टी.आर. वी. शास्त्री इस प्रक्रिया के संदर्भ में कहते हैं कि हिंदू ही नहीं, बल्कि ईसाई, मुसलमान, पारसी और यहूदी भी स्मृतियों के नियमों को न्यूनाधिक स्वीकार करते रहे। स्मृतियों के नियम प्रथाओं के रूप में भारतीय समाज में रच-बस गए हैं। डॉ. मोटवानी के मतानुसार, आर्य अपने मूल क्षेत्र से पूर्व की ओर बढ़े और चीन होते हुए जापान, दक्षिण-पूर्वी एशिया एवं न्यूजीलैंड तक पहुँच गए। मनु की संहिता उनके साथ गई। प्राचीन ईरान की गाथाओं और भारतीय पुराणों में अनेक समानताएँ हैं। वे अपना निवास ऐर्याना वाईजेह बताते हैं।

महत्त्व और प्राचीनता के दृष्टिकोण से मनु के बाद याज्ञवल्क्य का नाम आता है। काणे कहते हैं कि वर्तमान मनुस्मृति याज्ञवल्क्य से बहुत प्राचीन है। इस क्रम में तीसरा स्थान पाराशर का आता है। याज्ञवल्क्य तथा पाराशर में एक-दूसरे का उल्लेख मिलता है। अत: दोनों का पूर्वापर निर्धारण मुश्किल है, लेकिन यह निश्चित है कि ये दोनों ही मनु के परवर्ती हैं। यह भी संभव है कि याज्ञवल्क्य व पाराशर समकालीन रहे हों! पाराशर के अनुसार, सतयुग में मनु, त्रेता में गौतम, द्वापर में शंख-लिखित और कलियुग में पाराशर द्वारा प्रतिपादित धर्म मान्य है। इस आधार पर हम शंख-लिखित को पाराशर का पूर्ववर्ती और गौतम को इनके पहले का मान सकते हैं। इसके बाद के क्रम में नारद-स्मृति

का नाम आता है। विधिक चिंतन एवं न्यायिक मामलों की प्रक्रिया के विकास एवं विस्तार को देखते हुए नारद को मनु, याज्ञवल्क्य एवं पाराशर का परवर्ती माना गया है। जॉली ने नारद को मनु, याज्ञवल्क्य का परवर्ती एवं कात्यायन, बृहस्पति, यम, व्यास, पितामह का पूर्ववर्ती माना है। इस प्रकार प्रमुख स्मृतियों का एक कार्यकारी क्रम हमें प्राप्त होता है—मनु, याज्ञवल्क्य, पाराशर और बृहस्पति। इसके बाद के क्रम में एक अन्य महत्त्वपूर्ण स्मृतिकार कात्यायन का नाम आता है। काणे के अनुसार, अनेक मामलों में कात्यायन ने नारद एवं बृहस्पति को आदर्श माना है। बृहस्पति के अत्यंत निकटस्थ स्मृतिकार व्यास हैं। लगभग उसी काल में एक अन्य स्मृतिकार हारीत हुए। उसके बाद हम दक्ष, यम, संवरत, विष्णु, अंगिरा, वसिष्ठ, शतातप, आपस्तंब, कुषन आदि का उल्लेख कर सकते हैं। समस्त स्मृतियों का सुनिश्चित कर्म निर्धारण संभव नहीं है, किंतु यह स्पष्ट है कि स्मृतियों की रचना एक विस्तृत कालखंड में हुई तथा सामाजिक परिस्थितियों एवं आवश्यकताओं के अनुरूप उनमें विभिन्न विधानों में संशोधन एवं परिवर्तन भी हुए। स्मृतियों की परिवर्ती मानना यह सिद्ध करने हेतु पर्याप्त है कि सामान्य धारणा के विपरीत भारतीय सामाजिक व्यवस्था जड़ न थी, बल्कि इसमें परिवर्तन को मान्यता दी गई।

संक्षेप में अनेक प्रकार की सोद्देश्य और निरुद्देश्य छद्म आलोचनाओं के शिकार धर्मशास्त्रीय विधानों का सत्य, सहज और गैर-औपनिवेशिक मूल्यांकन-विश्लेषण, एक नए भारतीय पुनर्जागरण के लिए आवश्यक है, इस क्रम में मनु का विशेष महत्त्व है। यह प्रयास विशिष्ट अकादमिक स्तर से भी अधिक सामान्य जनों के स्तर पर आवश्यक है, ताकि भारतीय समाज हीनता और अपराध-बोध की मनोदशा से उबर सके, अपनी विराट् संस्कृति को पहचानते हुए आत्म-बोध के सहारे आत्मबल प्राप्त कर सके। जन सामान्य को संबोधित करता डॉ. चित्रा का यह प्रयास ऐसी एक श्रृंखला को सृजित करने में सहायक होगा, ऐसा मेरा विश्वास है।

—डॉ. प्रशांत त्रिपाठी

भूमिका

भारतीय जनमानस में लंबे समय तक अपने प्राचीन साहित्य, दर्शन, जीवन-शैली की उपेक्षा के परिणामस्वरूप एक दयनीय भाव आ गया था। बिना जाने, बिना विचारे, बिना समझे, सबसे पहले हर उस बात की निंदा, उपेक्षा या उपहास करना जो उनकी जड़ों तक जाती हो, प्रगतिशील होने का पहला पैमाना बन गया। निश्चय ही सौ फीसदी लोग इस तरह सोचनेवाले नहीं रहे, किंतु इस प्रकार की स्थितिवाले लोग भी कम नहीं रहे, जो इसे जानते, समझते या आदर करते रहे, लेकिन चाँद पर पहुँच चुकी दुनिया में इसे लेकर शर्मिंदा भी होते रहे। हीनता के अपने बोध को छुपाने के लिए संस्कृति, सभ्यता, दर्शन की कड़ी-से-कड़ी आलोचना का प्रयास करने लगे। धीरे से यही फैशन बन गया।

पिछले कुछ वर्षों में मैंने व्यक्तिगत रूप से देखा है कि तथाकथित प्रगतिशील लोगों द्वारा ज्यादातर मुद्दों की तुलना में अधिक उत्साह से निशाने पर मनु और तुलसीदास लिए जा रहे हैं, जब ऐसे बुद्धिजीवी प्रगतिशील महानुभावों से बात होती है तो अकसर उन्होंने मनु या तुलसी को पढ़ना तो दूर इनका लिखा कुछ देखा भी नहीं होता है। मैं किसी का नाम लेकर विवाद में पड़ना नहीं चाहूँगी, किंतु मनु को गालियाँ देकर सत्ता की सीढ़ियाँ चढ़नेवाली एक नेत्री से जब एक उदीयमान पत्रकार ने यह पूछने की धृष्टता की कि आपने मनु स्मृति का कौन सा संस्करण पढ़ा है तो वे साफ शब्दों में बोलीं कि उन्हें उसको पढ़ने की आवश्यकता नहीं है। उनके राजनीतिक गुरु ने उनको

यही सिखाया है, जो वह बोलती हैं। स्पष्ट है कि ऐसे सभी लोग किसी और की ताल पर ही कदम मिलाते हैं।

अब अगला प्रश्न यह उठता है कि मनु और तुलसी ही क्यों? इसका सीधा उत्तर यह है कि इन दोनों ने भारतीय जनमानस को अत्यंत व्यापक और गहन रूप से प्रभावित किया है। मॉरिशस, सूरीनाम जैसे अनेक देशों में बँधुआ मजदूर बनकर गए भारतीयों ने सिर्फ राम नाम के सहारे अपनी संस्कृति और धर्म को बचाए रखा। मनु का विधान आज भी, सदियों के प्रहारों के बाद भी, भारतीय समाज को सकारात्मक रूप से प्रभावित कर रहा है। यही वजह है कि मनु और तुलसी भारत विरोधियों के प्रिय शिकार रहे हैं। जो बात भारतीयता के साथ निष्ठा रखनेवाले नहीं समझ सके, वह शत्रुता रखनेवाले भलीभाँति समझ गए।

धर्मशास्त्रों की परंपरा सदियों तक भारतीय समाज को सुचारु रूप से चलानेवाला मैकेनिज्म रही है।

परिवर्तनशील समाज में नई चुनौतियों के साथ धर्मशास्त्रों की नई टीकाएँ और नए धर्मशास्त्रों की रचना होती रही है। इस श्रृंखला की अंतिम कड़ी देवल स्मृति है, जिसमें उन्होंने अपने समय की विकरालतम सामाजिक समस्या पर विधान दिया। मोहम्मद बिन कासिम के आक्रमण के बाद सिंध प्रांत में बलात् धर्म–परिवर्तन की घटनाएँ बहुत बढ़ गईं थीं। बलपूर्वक धर्मभ्रष्ट, विधर्मियों द्वारा बलात्कार पीड़िताओं को हिंदू धर्म से बाहर माना जा रहा था। ऐसे में देवल ने शुद्धीकरण के रूप में इस समस्या का समाधान दिया। इसका कितना प्रभाव पड़ा, यह एक अलग शोध का विषय है। देवल का यह प्रयास स्मृतियों की प्रशस्त परिवर्तनशील परंपरा का हिस्सा था।

शास्त्रार्थ का अभ्यस्त भारतीय समाज शस्त्र के बल पर वैचारिक मतभेद सुलझाने का आदी नहीं था, अत: जब उसका सामना एक ऐसी सभ्यता से पड़ा तो किंकर्तव्यविमूढ़ता की स्थिति हो गई। धर्म शास्त्रों से जीवन की व्यवस्था और समस्याओं के समाधान मिलने बंद हो गए और उसका परिणाम समाज का क्रमिक विखंडन था।

विलियम जोंन्स से वॉरेन हेस्टिंग्स तक ने भारतीय व्यवस्था को 'दुरुस्त'

करने की प्रक्रिया में पूरे भारत और जहाँ कहीं भी भारतीय संस्कृति का प्रभाव था, मनु की मोहर लगी हुई देखी, तब ही से हिंदू धर्म तथा सनातन भारत के आधार माने जानेवाले मनु पर प्रहार होने लगे थे।

मनु के धर्मशास्त्र पर लिखते हुए मेरा यह इरादा बिल्कुल नहीं है कि मनु पुनः व्यावहारिक रूप से स्थापित हों, जिस प्रकार नदी से बहा हुआ पानी वापस नहीं आता है, उसी प्रकार कालचक्र भी कभी उलटा नहीं चलता है। ऐसा प्रयास करना भी श्रेयस्कर नहीं होता। इस पुस्तक के पाठकों से मेरा एक ही विनम्र निवेदन है कि वे मनु को पढ़ें, जानें, फिर उनका मूल्यांकन करें। मनु ही क्यों, अपनी सांस्कृतिक विरासत के किसी भी पक्ष की निंदा या मूल्यांकन करने से पहले उसे प्रत्यक्ष जानने का प्रयास करें।

ॐ शांतिः शांतिः शांतिः

—चित्रा अवस्थी

गुरुपूर्णिमा 2021

अनुक्रम

	प्रस्तावना	*5*
	भूमिका	*11*
1.	पृष्ठभूमि	17
2.	मनु की कालगणना और सृष्टि का आरंभ	44
3.	मनु की सामाजिक व्यवस्था	49
4.	मनु का स्त्री-विमर्श	93
5.	मनु की राज्य-व्यवस्था	115
6.	विधि : हिंदू और आधुनिक	131
7.	कूट तथा युद्ध नीति	137
	संदर्भ ग्रंथ सूची	143

1

पृष्ठभूमि

प्राचीन भारतीय दर्शन के दो महत्त्वपूर्ण पक्ष हैं—दार्शनिक पक्ष तथा व्यावहारिक पक्ष। प्राचीन भारतीय दर्शन और उसके संदर्भ में वर्तमान भारतीय मानस को समझने के लिए इन दोनों पर ही ध्यान देना आवश्यक है। अकसर पाश्चात्य तथा तथाकथित आधुनिक भारतीय विद्वान् भी भारतीय दर्शन पलायनवादी कल्पना लोक में ही उपयोगी हो सकता है, ऐसा समझते हैं। इसी भ्रम की अवस्था को दूर करने के लिए प्राचीन भारतीय दर्शन पर कहे गए दूसरे पक्ष को समझना आवश्यक है। यद्यपि भारतीय स्थापत्य कला, गणित, आयुर्वेद, खगोल विद्या में जिस प्रकार की उन्नति हम कर चुके हैं, उसे देखने के बाद ऐसा भ्रम नहीं रहना चाहिए। लेकिन धर्मशास्त्र, धर्मसूत्र, गृहसूत्र या स्मृतियाँ तो इस बात का प्रत्यक्ष प्रमाण ही हैं कि भारतीय चिंतन दार्शनिक बुद्धि विलास नहीं, अपितु जीवन पद्धति का संचालक रहा है। इस भ्रम के फैलने में पाश्चात्य विद्वानों तथा भारत को पाश्चात्य चश्मे से देखनेवाले भारतीयों का बड़ा योगदान रहा है। मैक्समूलर जैसे पाश्चात्य विद्वान् बिना यहाँ की संस्कृति या संस्कृत भाषा जाने ही अन्य पाश्चात्य विद्वानों के अनुवाद के आधार पर भारतीय दर्शन ग्रंथों पर टिप्पणी करते रहे। यहाँ दिलचस्प बात यह है कि जिन्होंने उन प्राचीन महान् ग्रंथों का अनुवाद किया, स्वयं उनको भारतीय दर्शन का क ख ग भी नहीं पता था, नतीजा यह रहा कि भारतीय प्राचीन दर्शन और ग्रंथों को लेकर भ्रांतियाँ ही भ्रांतियाँ फैल गईं। उन्हीं पाश्चात्य विद्वानों को अपना आदर्श माननेवाले भारतीयों ने भी, जिनका प्रेरणास्त्रोत भी उधार का

था, इसी परंपरा को आगे बढ़ाया और मूल ग्रंथ पढ़कर समझने की क्षमता न होते हुए भी उन पर जी भरकर टिप्पणियाँ कीं। वेदों को चरवाहों का गान कहनेवाले अल्पज्ञ धृष्ट, जिसे वैदिक तो दूर लौकिक संस्कृत का भी पता नहीं था, को उन्होंने आदर्श माना। परतंत्र भारत में यह बहुत हद तक उनकी विवशता भी थी कि शासन से मिलनेवाले लाभ अगर चाहिए तो उनकी बनाई हुई सीमा रेखा के अंदर ही रहना था। दुर्भाग्य से भारत से विदेशी शासन का अंत राजनीतिक रूप से तो हो गया, किंतु मानसिक रूप से नहीं हुआ। परिस्थितियाँ ऐसी बनती गईं कि बिना जानने-समझने का प्रयास किए हर उस बात को, जो भारत से संबंधित हो, विरोध करना ही मुख्यधारा में आने का पासपोर्ट बन गया। उपनिवेशवाद की कुंठा से युक्त ऊँची जगहों पर पहुँचे लोग कुछ भी समझना या सुनना ही नहीं चाहते थे। उपनिवेशवाद का मारा भारत अभी तक सँभल भी न सका था कि वामपंथ के रूप में उसे एक नया धक्का लगा। भारतीय अस्मिता पुर्नस्थापित होने का प्रयास कर ही रही थी कि अकादमिक क्षेत्र पूर्णतः विदेशी पैसे से पोषित और पल्लवित वामपंथ के हाथ चला गया। उनकी सोच, समझ और इरादों के चलते उनको औपनिवेशिक वामपंथी कहना अधिक उचित है। उनकी विचारधारा का अनुगमन करने के लिए अंतरराष्ट्रीय पुरस्कार मिलते हैं और औपनिवेशिक हीनभावना से ग्रस्त भारतीय उनके आगे नतमस्तक होते हैं। जो स्थिति अकादमिक क्षेत्र में थी कमोबेश, वही स्थिति प्रशासन तथा राजनीतिक दलों में भी थी। अकादमिक क्षेत्र में एक से ही लोग लिखते-पढ़ते थे, वो ही पुरस्कार, सम्मान और नियुक्तियाँ करने के अधिकारी थे और वह ही, जो पुस्तक या पत्र-पत्रिका उनके विचारों से मेल न खाए, उसको निरस्त कर देते थे। नतीजन वे ही लोग मुख्यधारा बनते चले गए। इसका असर साहित्य, कला, सिनेमा, ड्रामा सब पर पड़ा। केवल मोटवानी, एम.एन. श्रीनिवास जैसे सामाजिक चिंतकों को गुमनामी के गर्त में धकेल दिया गया। प्राच्यविद्या के आधुनिक टीकाकारों में से श्री अरविंद और मदाम ब्लाक्सकी जैसों के विशाल और विद्वत्तापूर्ण ग्रंथों का नाम लेना भी गुनाह हो गया। राजा रविवर्मा जैसे चित्रकार को कभी मुख्यधारा

से प्रतिष्ठा नहीं मिल सकी, क्योंकि भारतीय देवियों के आपत्तिजनक चित्र न बनाकर उन्होंने देवी-देवताओं के सुरुचि एवं गरिमा से युक्त चित्र बनाए थे।

प्राचीन साहित्य से चुन-चुनकर खलनायकों को प्रतिष्ठित किया जाने लगा। कला समीक्षक से लेकर कला संग्रहकर्ता, उसका मूल्यांकन करनेवाले, सभी एक ही खेमे से जो होते थे। एक नाटक में लिखे काल्पनिक दृश्य के आधार पर महाभारत की नायिका द्रौपदी को दुर्योधन का अपमान करनेवाली तथा महाभारत के युद्ध का कारण बना दिया गया। किसी ने कष्ट नहीं किया कि मूल ग्रंथ को देख ले, उलटे उस 'क्रांतिकारी' नाटक को महान् प्रतिष्ठा मिली। सिनेमा में भी बहुत ध्यान से धीरे-धीरे वामपंथी तथा तथाकथित धर्मनिरपेक्षता का नैरेटिव गढ़ा गया। भारत या प्राचीन भारतीय संस्कृति को दरशाने वाले सिनेमा को गंभीर न मानते हुए पुरस्कार, समीक्षा, सम्मान से वंचित करके उस धारा को ही सुखा दिया गया। अलग-अलग सुनने में शायद ऐसी बातें बड़ी न लगें, परंतु इनका सम्मिलित असर बड़ा दूरगामी होता है।

उनका निशाना भारतीय समाज का पूर्ण विघटन था, इसमें सबसे बड़ी बाधा यह थी कि भारतीय समाज इतने लंबे समय के बाद भी प्राचीन भारतीय चिंतन और दर्शन की डोरी में बँधा था। अंग्रेजों के समय में जो कार्य शुरू किया गया था, उसी को आगे बढ़ाते हुए विभिन्न भारतीय संस्थाओं जैसे परिवार, विवाह आदि पर प्रहार होने शुरू हुए और उनके निशाने पर मनु महाराज भी आ गए।

पर धीरे-धीरे स्थितियाँ बदल भी रही हैं। धर्मशास्त्रों के प्रकाश में आने के साथ ही भारतीय दर्शन को देखने की दृष्टि ही बदल गई। भारत में भले ही अभी तक इसे तथाकथित मुख्यधारा की मान्यता न मिली हो, किंतु अंतरराष्ट्रीय पटल पर इसको पहचाने जाने की शुरुआत हो गई है। मेधा के जिस प्राचीन भंडार से अभी तक शुद्ध दर्शन का ज्ञान निकल रहा था, वह भी ऐसा दर्शन, जिसकी ऊँचाइयों को समझना आसान नहीं था, वहाँ से नीति-संहिता, आचार-संहिता, राज्य-व्यवस्था, विधि, दंड-विधान जैसे विषयों का भंडार निकला। यह दर्शन का एप्लाइड पक्ष था, जो सदियों व्यवहार में लाया गया था। धर्मशास्त्र, अर्थशास्त्र आदि अपनी तरह के अनोखे ग्रंथ हैं, इनमें न केवल सामाजिक

नियमों का विशद विवेचन किया गया है, अपितु इनका दैनंदिन जीवन में पालन भी होता रहा है। समय के साथ इनमे परिवर्धन तथा संशोधन किए जाते रहे, जो इन्हें जीवंत परंपरा बनाते रहे, यही कारण है कि धर्मशास्त्र एकाधिक हैं।

मानव धर्मशास्त्र का महत्त्व

धर्मशास्त्र सामाजिक व्यवस्था का वह रूप प्रस्तुत करते हैं, जो आज भी सामाजिक व्यवस्था, राजनीतिशास्त्र तथा विधि के विद्यार्थियों के लिए अत्यंत महत्त्वपूर्ण हैं। धर्मशास्त्र व्यक्तिगत जीवन और सामाजिक संगठन का एक ऐसा समग्र-दर्शन प्रदान करते हैं, जो लंबे समय तक उपयोगी और प्रासंगिक रहा। वहीं दूसरी ओर धर्मशास्त्रों में दिया गया यह दर्शन सदियों के विदेशी आक्रमणों, जो कि अपने साथ अन्य प्रकार के धर्म, दर्शन और परंपराओं को लेकर आते थे, के समक्ष न केवल एक विकल्प के रूप में डटा रहा, अपितु उन सबको बृहत् हिंदू समाज में समावेशित करने में भी सफल रहा (आर.एन. दांडेकर, सोर्सेस ऑफ इंडियन ट्रेडीशंस)।

इसका एक बड़ा कारण धर्मशास्त्रों का परिवर्तनशील होना है। एक ओर तो धर्मशास्त्र समाज में जो होता था, उसका आईना होते थे, दूसरी ओर वे समाज में होनेवाले परिवर्तनों के साथ संशोधित भी होते थे। इसे हम एक उदाहरण से समझ सकते हैं। जैसा कि धर्म को परिभाषित करते हुए हम देखेंगे कि प्राचीन भारत में धार्मिक संप्रदायों में अनेकता नहीं थी। इसीलिए धर्म-परिवर्तन की समस्या भी नहीं थी। यदि बुद्ध, महावीर या नानक कुछ नया लेकर आते भी थे तो विमर्श और शास्त्रार्थ द्वारा उसकी अच्छाइयों को अपने में समाहित करके उनको भी वृहद् सनातन धर्म का भाग ही माना जाता रहा था। किंतु पहली बार रेगिस्तान से एक ऐसा मत आया, जो शास्त्रार्थ नहीं शस्त्र-प्रहार द्वारा मत को मनवाता था। जब उन आक्रांताओं द्वारा बलात् धर्म परिवर्तन की घटनाएँ घटने लगीं तो एक संकट उठ खड़ा हुआ। छल या बल से अपने धर्म से भ्रष्ट होनेवाले स्त्री-पुरुष इच्छापूर्वक तो अपना धर्म छोड़ना नहीं चाहते थे, ऐसे समय में देवल ने अपनी संहिता में एक क्रांतिकारी प्रावधान दिया और कहा कि बल व छल से

जिसका धर्मांतरण किया गया हो, वह पुनः अपने धर्म में वापस आ सकता है, जबकि इससे पहले हिंदू धर्म में ऐसा कोई विधान नहीं होता था।

आज भारतीय सामाजिक-सांस्कृतिक व्यवस्था में हम जिस साहित्य की बात करते हैं और जिसे विश्व आश्चर्य से देखता है, वह धर्मशास्त्रों के प्रभाव का ही परिणाम है। धर्मशास्त्र ही वह कारक थे, जिनकी वजह से सदियों के राजनीतिक तथा सांप्रदायिक परिवर्तन भारत की सामाजिक तथा सांस्कृतिक संरचना को खंडित करने में असमर्थ रहे और अंततः वे परिवर्तन इसमें ही समाहित हुए। किंतु यह भी सत्य है कि भारतीय संस्कृति के आधारभूत इन ग्रंथों पर निरंतर योजनाबद्ध रूप से प्रहार होने के कारण जनमानस पर इनकी पकड़ छूटती गई और समाज वांछनीय तथा अवांछनीय दोनों प्रकार के परिवर्तनों के लिए खुल गया।

धर्मशास्त्रों के महत्त्व का एक और कारण इनके प्रभाव क्षेत्र का बहुत व्यापक होना है, भारत का सांस्कृतिक साम्राज्य जहाँ तक व्याप्त था, वहाँ तक सभी क्षेत्रों में धर्मशास्त्रों, विशेषतः मानव धर्मशास्त्र का प्रभाव रहा है। केवल मोटवानी, जिनका मनु के धर्मशास्त्र पर किया गया कार्य अत्यंत महत्त्वपूर्ण है, ने विश्व की विभिन्न संस्कृतियों में पाई जानेवाली प्राचीन आचार-संहिताओं में मनु से साम्य दिखाया है तथा 'मनु' शब्द से साम्य रखनेवाले संहिताकारों के विषय में बताया है और माना है कि मनु महाराज का प्रभाव विश्वव्यापी था। उनका मानना है कि आर्य अपने मूल क्षेत्र से पूर्व की ओर बढ़ते हुए चीन, जापान, दक्षिण पूर्व एशिया और न्यूजीलैंड तक गए तो उनके साथ यह सारा क्षेत्र मनु का भी प्रभाव क्षेत्र बना। वे मानते हैं कि डायरस तथा हम्बुराबी की संहिताएँ मनु से प्रभवित हैं। मिस्र और क्रीट में भी मनु से मिलते-जुलते नामों वाले देवताओं का उल्लेख होता है। मिस्र के प्रथम राजवंश का संस्थापक मीना था। मोटवानी तो मूसा के दस ईश्वरीय आदेशों को भी मनु से प्रभावित मानते हैं। मोटवानी तथा बहुत से विद्वान् मानते हैं कि 'Man' शब्द का ग्रीक मूल 'MENS' या 'MENES' भी मनु से ही निकला है। प्लेटो का समाज का चार वर्गों में विभाजन भी मनु की वर्ण व्यवस्था पर आधारित है। संक्षेप में

कहें तो भारतीय संस्कृति के प्रसार में समाज को धर्मशास्त्रों द्वारा प्रदत्त सुदृढ़ आधार की विशेष भूमिका थी। यही कारण है कि तैत्तरीय संहिता में कहा गया है कि मनु का वचन औषधि है (2.2.10.2)।

मनु के धर्मशास्त्र का डंका तब तक बजा, जब तक भारत पर अंग्रेजी कानून प्रभावी नहीं हुआ था, तब भी उस कानून का भारतीय स्वरूप निर्धारित करते हुए मनु की महत्ता बनी रही। भारत के अतिरिक्त हिंदू मूल के कुछ अन्य देशों में मनु के बनाए नियम आज भी आधार हैं। बर्मा, थाईलैंड तथा अन्य दक्षिण पूर्व के देश, जहाँ बौद्ध आचार संहिता चलती रही है, वह भी मनु के धर्मशास्त्र पर आधारित है। भारत में भी आज सनातन हिंदुत्व पर विश्वास करनेवाले परंपरापरायण व्यक्ति का दैनिक जीवन तथा आस्थाएँ मनु के बनाए नियमों से परिचालित हैं। पचास वर्ष पूर्व तक भी जनजीवन में कोई गुत्थी उलझे जाने पर मनु के वचन ही अंतिम निर्णय होते थे।

न केवल पूर्व में, पश्चिम में भी जब भारत को जानने की उत्सुकता बढ़ी तो विलियम जोंस ने सर्वप्रथम मनु के धर्मशास्त्र को जानना चाहा। 1886 में जोंस द्वारा संपादित 'सेक्रेड बुक्स ऑफ ईस्ट' श्रृंखला के अंतर्गत मानव धर्मशास्त्र का अनुवाद तथा व्याख्या की। परंतु पूर्व और पश्चिम की सोच और संस्कृति के बीच एक बहुत बड़ा अंतर था, जिसके कारण मनु या भारतीय प्राच्य विद्या के अन्य ग्रंथ वहाँ कभी भी पूर्णत: समझे ही नहीं जा सके और जैसा कि पहले भी कहा है, चाय से गरम केतली की तर्ज पर बहुत से भारतीय विद्वानों ने भी उसी चश्मे से प्राच्य विद्या को देखना चाहा।

मनु कौन थे

महाभारत में मनु को ब्रह्मा का पुत्र माना गया है। जो भी हो, जनमानस में मनु को प्रथम मानव और नहीं तो कम-से-कम प्रथम राजा तो माना ही गया था। किसी भी प्राचीन ग्रंथ के समान, विशेषकर जहाँ रचनाकार श्रेय लेने को बहुत उत्सुक न हों, मानव धर्मशास्त्र के रचनाकार का सही परिचय और ग्रंथ का सही स्वरूप मिलना कठिन हो जाता है।

मनु प्रथम मानव और प्रथम राजा माने जाते हैं। इससे मनु के धर्मशास्त्र की महत्ता बढ़ जाती है। उस पर वे कहते हैं कि यह ज्ञान उन्हें स्वयं ब्रह्मा ने दिया था, तो मनु का धर्मशास्त्र 'ब्रह्म-वाक्य' ही बन जाता है। मनु स्वयं अपने ग्रंथ की महत्ता बताते हुए कहते हैं—(2.7) कि जो कुछ भी नियम मनु ने दिए हैं, वे सब वेदों में पहले से दिए गए हैं। ऐसा करके मनु ने इसे वेद वाक्य के समकक्ष महत्ता दे दी। तैत्तरीय संहिता (2.2.10.2) में मनु के वचन को ही औषधि माना गया है।

मनु में पश्चिम की रुचि

मोटे तौर पर मनु पर टिप्पणी करनेवालों को इन भागों में बाँटा जा सकता है—

1. मिशनरी, जिनके लिए भारत धर्म परिवर्तन का एक सुनहरा अवसर था।
2. कतिपय विदेशी प्राच्यविद्याविद, जिनके लिए ईसाईयत और भौतिकवादी यूरोप की संस्कृति के विपरीत मनु तथा अन्य हिंदू धार्मिक दर्शन एक महान् विकल्प थे।
3. पाश्चात्य शिक्षा प्राप्त भारतीय, जो पश्चिम से बहुत अधिक प्रभावित तो थे और उसी के संदर्भ में भारतीय व्यवस्था में ही सुधार करके उसको पुनर्जीवित करना चाहते थे।
4. औपनिवेशिक वामपंथ के झंडाबरदार।
5. अपनी संस्कृति और सभ्यता को लेकर हीनभावना से सदा ग्रस्त भारतीय अकादमिक।

जैसा कि इतिहास में देखा गया है, मिशनरी यूरोप की राजनीतिक सत्ता के सहारे पृथ्वी के जिस भी भू-भाग में गए, वहाँ के मूल धर्म और संस्कृति को समाप्त करके वहाँ पर उन्होंने ईसाइयत को स्थापित किया। ऑस्ट्रेलिया, न्यूजीलैंड, अमेरिका, अफ्रीका आदि में कहीं भी न तो वहाँ का मूल धर्म, बचा न ही मूल संस्कृति। इसके लिए उन्होंने छल-बल के सभी उपायों का सहारा

लिया। दुर्भाग्य से उनका यह असहिष्णु विजय रथ कहीं रोके न रुका था। सर्वप्रथम भारत में उनको अपने मिशन में इतनी परेशानी आई, इसका प्रमुख कारण यह था कि हिंदू धर्म का दार्शनिक पक्ष भी था। यह केवल रीति-रिवाजों पर आधारित धर्म नहीं था। डॉ. राधाकृष्णन ने 1151 में प्रकाशित अपनी पुस्तक 'ईस्टर्न रिलिजन वेस्टर्न थॉट' में इसका उल्लेख किया है। बहुत सादे शब्दों में उन्होंने बिशप हेबेर और मैक्निकल जैसे मनु के प्रारंभिक आलोचकों की इस प्रवृत्ति को दिखाया है, लेकिन यह प्रवृत्ति ईसाई धार्मिक चिंतकों या लंदन मिशनरी सोसाइटी के सदस्यों तक ही सीमित नहीं थी। ब्रिटिश शिक्षाविद् और नौकरशाह भी ऐसा ही सोचते और करना चाहते थे।

मैकाले, भारत में शिक्षा का माध्यम अंग्रेजी बनाने का निर्णय करनेवाली कमिटी में जिसका वोट निर्णायक था, हिंदू दर्शन को मृतप्राय मानता था। विलियम विल्बेफोर्स, बेंथोम, जेन मिल आदि ब्रिटिश नागरिक जो ईस्ट इंडिया कंपनी में बहुत प्रभावशाली थे, अपने एवंज्लिस्ट रुझान और ईसाई श्रेष्ठता के दंभ के लिए जाने जाते थे। उनका मानना था कि ब्रिटिश राज भारत के लिए एक महान् चीज है, क्योंकि इसके माध्यम से यहाँ ईसाइयत का प्रसार होगा। सच तो यह है कि सर विलियम जोंस, एच.एच. विल्सन, जेम्स फोर्ब्स जैसे पूर्व को समझने का प्रयास करनेवाले विद्वानों को कभी भी मुख्यधारा का प्रतिनिधि नहीं माना गया था। मिशनरी मानसिकता के लोगों का ही वर्चस्व पाश्चात्य, विशेषकर ब्रिटिश बौद्धिक वर्ग में रहा। सर एम. मोनिएर ने, जो कि ऑक्सफोर्ड यूनिवर्सिटी की प्रतिष्ठित बोडान पीठ के अध्यक्ष और प्रोफेसर थे, 1819 में प्रकाशित संस्कृत-इंग्लिश कोश के प्रस्तावना में बड़े साफ शब्दों में इस सोच को दिखाया है। उन्होंने लिखा है कि बोडान पीठ के संस्थापक कर्नल बोडान ने अपनी वसीयत में स्पष्ट शब्दों में कहा है कि 'इस पीठ की स्थापना के उदारतापूर्ण कार्य के पीछे उनकी स्पष्ट सोच अपने देशवासियों को संस्कृत ग्रंथों का अनुवाद उपलब्ध कराना है, जिससे वे भारत के हिंदुओं को आसानी से ईसाई बना सकें'। उन्होंने आगे कहा कि किसी को भी इस बात पर शंका नहीं होनी चाहिए कि उनके पूर्ववर्ती कर्नल बोडान का

यह संकल्प पूर्ण करना ही उनके अकादमिक जीवन का मुख्य ध्येय है। कोई आश्चर्य नहीं कि 1860 में बोडान पीठ पर आसीन होने के बाद उनके पहले भाषण का शीर्षक था—'द स्टडी ऑफ संस्कृत इन रिलेशन टू मिशनरी वर्क इन इंडिया'। बोडान और उनके शिष्य तो एक उदहारण हैं, ऐसे व्यक्तियों की सूची लंबी है, सबका नाम देना भी यहाँ संभव नहीं है।

दूसरी ओर नीत्शे जैसों ने मनु का भारत में प्रभाव बताते हुए इसको भारत को देखने का चश्मा ही समझा। नीत्शे ने तो मनु को बाइबिल के ऊपर दर्जा देकर ईसाई धार्मिक दुनिया में तहलका ही मचा दिया था। गेराल्ड हर्ड का कहना था कि आधुनिक समाज की नेतृत्व की समस्या का समाधान मनु के पास है। मदाम ब्लावात्स्की ने थियोसोफी के सभी विद्यार्थियों को मनु के धर्मशास्त्र को पढ़ने की सलाह दी थी। एन्हा थॉमस कहते हैं कि 'विलियम जोंस को पढ़कर स्पष्ट होता है कि हिंदू धर्म को मनु के धर्मशास्त्र के माध्यम से जानकर वे हिंदू धर्म का सम्मान और प्रशंसा करने लगे थे'। एनी बेसेंट कहती हैं कि 'कगार पर खड़े आधुनिक समाज को बचाने के लिए पूर्ववर्ती सभ्यता का सहारा चाहिए, यह सुरक्षात्मक सहारा मनु से मिल सकता है'। वे आगे कहती हैं कि 'मनु को बदले हुए समय में जैसा-का-तैसा नहीं पालन किया जा सकता है, परंतु मनु के विचारों में ही आधुनिक समाज की समस्याओं का हल है'।

भारतीय पुनर्जागरण काल भी मनु से अछूता न रहा था। राजा राममोहन राय ने सती प्रथा का विरोध करते हुए मनु को ही विरोध का आधार बनाया था, जहाँ विधवा स्त्रियों के लिए आचार के नियम निर्धारित किए गए थे, यह भी एक अजब कहानी ही थी, क्योंकि मनु विधवा स्त्रियों के पति के पार्थिव शरीर के साथ जल मरने की बात भी नहीं करते हैं, यह विषय उनकी सोच में भी नहीं रहा, फिर भी श्री राय ने मनु को इस कुप्रथा का जनक बताकर उसके अंत का श्रेय खूब लूटा। यद्यपि स्थानीय विद्वानों ने बिना वजह मनु को घसीटने के लिए राममोहन राय का विरोध किया, लेकिन बिना सत्यापन के बातों को ले उड़ने की प्रथा, यहाँ भी मनु के विरुद्ध ही रही। ऐसा कह सकते हैं

कि इस प्रकार के लोगों का उद्देश्य भी समाज सुधार कम उस बहाने प्राचीन भारतीय महापुरुषों और ग्रंथों को नीचा दिखाना ही था।

19वीं सदी आने तक भारत के सामाजिक-राजनीतिक मूल्यों के सकारात्मक और नकारात्मक दोनों ही प्रतिबिंब के रूप में मनुस्मृति स्थापित हो चुकी थी। मनु की प्रतिष्ठा ऐसी रही कि तथाकथित मनुविरोधियों के पुरोधा अंबेडकर ने भी मनु का विरोध करते हुए खुद को नया मनु ही कहलाना पसंद किया। 1035 में अंबेडकर पर लिखे एक लेख का शीर्षक इस प्रकार था—'टू द अनटचेबल कम्युनिटी : ए न्यू मेसेज ऑफ ए न्यू मनु'।

प्राचीन हिंदू भारत में पांडित्य की वृहद् परंपरा में धर्मशास्त्रों की इस एक विद्वत् धारा का स्थान महत्त्वपूर्ण है। विद्वत्ता या पांडित्य की बहुत सी धाराएँ थीं, हरेक शास्त्र कहाती थी, जैसे—स्थापत्य, नृत्य, कर्मकांड, काव्य, व्याकरण, नाटकशास्त्र, मोक्ष, शासन आदि। धार्मिक और सामाजिक कर्तव्यों के लिए विशेष शास्त्र था—धर्मशास्त्र। धर्मशास्त्रों के प्रणेताओं का धर्म तथा विधि पर एकाधिकार भले नहीं था, लेकिन धर्म और विधि का सूक्ष्म अध्ययन करके समाज में इसको व्यवहार में लाने और धर्म को सबके जीवन का अंग बनाने का काम इन्होंने ही किया। इन शास्त्रों की एक और बड़ी विशेषता इनके रचनाकारों द्वारा प्रस्तुत अवधारणाओं तथा ढाँचे का लगातार परिवर्धित होते रहना भी है। यह कठिन लगता है कि किसी ग्रंथ के कुछ सौ वर्ष बाद उसकी टीका लिखनेवाला या उसके भी बहुत बाद उस पर अमल करवाने कोई शास्त्रज्ञ उसको उसी प्रकार समझेगा, जैसा लेखक ने लिखा था, लेकिन उसमें निहित मूल धारा के कारण, जो कि धर्म है, यह संभव होता रहा है।

धर्मशास्त्रों की विषयवस्तु

याज्ञवलक्य ने धर्मशास्त्र की विषय वस्तु के तीन भाग बताए हैं—आचार, व्यवहार और प्रायश्चित, अर्थात् हमारा व्यक्तिगत धर्म, हमारा समाज के परिप्रेक्ष्य में धर्म और उनमें से किसी भी एक से च्युत होने पर हमारा धर्म।

धर्मशास्त्र पारंपरिक रूप से वैदिक साहित्य पर आश्रित माने जाते हैं।

अपौरुषेय वेद किसी मनुष्य द्वारा नहीं लिखे या प्रतिपादित किए गए थे। वे ध्यान की गहनतम अवस्थाओं, ऋषियों के समक्ष प्रकट हुए थे, अत: वेदों की संहिताएँ श्रुति कहलाईं, फिर जब यह ज्ञान आगे की पीढ़ियों को अलग रूपों में दिया गया तो उसे स्मृतियाँ कहा गया। कालांतर में स्मृति शब्द धर्मशास्त्रों के लिए रूढ़ हो गया। स्पष्ट है कि धर्मशास्त्रों में धर्म का निरूपण हुआ है। मानव धर्मशास्त्र का प्रारंभ ही ऋषियों द्वारा मनु से धर्म के स्वरूप को लेकर की गई जिज्ञासा से हुआ है। मानव धर्मशास्त्र इसी जिज्ञासा का उत्तर है। सभी धर्मशास्त्र, गृहसूत्र, स्मृतियों, अर्थशास्त्र आदि की विषय वस्तु धर्म ही है। धर्मशास्त्र की विषय वस्तु को सही तरीके से समझने के लिए धर्म की भारतीय अवधारणा को समझना होगा।

धर्म का स्वरूप एवं स्रोत

मनु के धर्मशास्त्र पर चर्चा करने से पहले यह समझ लेना आवश्यक है कि धर्मशास्त्रों में प्रणीत धर्म है क्या। भारतीय दर्शन की नेति-नेति की परंपरा पर चलते हुए हम सबसे पहले देखेंगे कि धर्म क्या नहीं है। निश्चय ही धर्म मत या संप्रदाय नहीं है। वास्तव में धर्म के लिए रिलिजन शब्द भी पूर्णतया सही नहीं है। ऑक्सफोर्ड डिक्शनरी में रिलिजन को किसी देवी-देवता की पूजा और किसी धार्मिक व्यक्ति की शिक्षाओं के पालन को माना है, यह भारत में मान्य धर्म की अवधारणा से नितांत भिन्न है, यह मत या संप्रदाय की परिभाषा है। मैक्स वेबर ने सबसे पहले पश्चिम में यह माना है कि हिंदू शब्दावली में धर्म और मत के बीच स्पष्ट अंतर किया गया है। दुर्भाग्य से अभी भी कुछ स्वनामधन्य भारतीय चिंतकों को यह समझ में नहीं आया है।

'मत' धर्म का ही एक रूप है। धर्म के अंदर ही पराभौतिक विश्वास ईश्वर का स्वरूप, पूजा पद्धति आते हैं, किंतु यह ही धर्म नहीं है, यह सब धर्म के एक अंश हैं।

याज्ञवल्क्य संहिता (1:6) में धर्म का निरूपण करते हुए कहा गया है कि जो कुछ भी निष्कपट विश्वास के साथ, योग्य व्यक्ति को, सही स्थान,

सही समय और सही साधन द्वारा दिया जाता है, वही धर्म है। यहाँ देने से तात्पर्य व्यवहार समझा जा सकता है।

धर्म अनिवार्य रूप से करणीय, अर्थात् जो करने योग्य है, उसे कहते हैं। सामान्यत: धर्मशास्त्रों में प्रणीत धर्म औचित्यपूर्ण कर्तव्य को माना जाता है। धर्म वह है, जिससे किसी वस्तु का स्वरूप निर्धारित होता है। धर्म वह है, जो किसी पदार्थ के अस्तित्व के लिए अनिवार्य होता है, अर्थात् जिसके न होने से उस पदार्थ का अस्तित्व ही समाप्त हो जाता है। धर्म किसी पदार्थ का अनिवार्य गुण होता है, जैसे आग का स्वधर्म गुण जलाना है, उसमें जलाने की क्षमता है, तब तक ही वह आग है। जल का स्वधर्म गुण भिगोना है, अगर वह भिगोए नहीं तो वह जल नहीं हो सकता। पुन: धर्म वह भी है जो करणीय है, जैसे पुत्र का धर्म माता-पिता की सेवा है, अर्थात् उसके पुत्र होने की पूर्ति माता-पिता की सेवा द्वारा होती है। इसे एक अन्य उदाहरण 'धर्म संकट' से समझा जा सकता है। यह शब्द कर्तव्य-अकर्तव्य के भान का द्योतक है न कि किसी पूजा पद्धति पर आनेवाले संकट का। सैनिक के धर्म की पूर्ति रण में पीठ दिखाने से नहीं होती है। वी. राघवन के शब्दों में धर्म पूर्णत: पारिभाषित मूल्यों, कर्तव्यों और औचित्य विचार से होता है।

हैकर ने धर्म की दार्शनिक व्याख्या करते हुए कहा है कि धर्म एक अनुभवातीत अमूर्त वस्तु है, हम इसे एक पदार्थ भी मान सकते हैं, यह वस्तु या पदार्थ सबसे पहले तो कर्तव्य है, वे कर्तव्य जिनका स्वरूप पीढ़ी-दर-पीढ़ी हस्तांतरित होता है। यह व्यवहार के मानक ही धर्म हैं, यह धर्म के लागू होने के पहले की अवस्था है। लेकिन उसका वास्तविक स्वरूप उसके लागू होने या व्यवहार में आने के बाद प्रकट होता है और तब यह मानक नियम या कर्तव्य का रूप ले लेते हैं, फिर भी होते तो ये अमूर्त ही हैं। व्यवहार के आदर्शों का एक ठोस रूप ही धर्म है, जिसमें मुक्ति की अभीप्सा भी जुड़ी होती है। मुक्त तो वह तब भी होता है, जब व्यक्ति ने धर्म के मार्ग पर चलना शुरू भी नहीं किया होता है, धर्म के द्वारा उसे मोक्ष का अनुभव होता है।

पी.वी. काणे के अनुसार धर्मशास्त्रों में धर्म का अर्थ व्यक्ति के अधिकार,

कर्तव्य एवं बाध्यताएँ हैं। व्यक्ति के आर्यों के समाज का हिस्सा होने के नाते, अपनी जाति का सदस्य होने के नाते, जीवन की एक विशेष अवस्था में होने के नाते, एक व्यक्ति के रूप में, उसके व्यवहार का स्तर है। धर्म नियम भी है और उसका सार भी है।

भारतीय दर्शन या हिंदुत्व की सबसे बड़ी विशेषता इसका जन्म या प्रवर्तन नहीं होना है। किसी एक व्यक्ति ने किसी एक दिन खड़े होकर इसकी घोषणा नहीं कर दी, कोई इसका प्रवर्तक या संस्थापक नहीं है। इसका तो उद्विकास हुआ है, कालक्रम में इसका स्वरूप निर्धारित हुआ है। उद्विकास के इसी क्रम में इसमें बहुत से मत-मतांतरों का समावेश होता गया है, यह इसलिए संभव हुआ है कि इसका आधार एक बनी-बनाई पूजा पद्धति न होकर जीवन जीने की पद्धति थी। इसीलिए इसका दार्शनिक पक्ष किसी भी अन्य मत या संप्रदाय की तुलना में कहीं प्रबल तथा सुदृढ़ है और यही कारण है कि पारंपरिक भारतीय जीवन में व्यक्तिगत तथा सामाजिक जीवन के सभी पक्ष धर्ममय होते हैं। सामान्य व्यक्ति इसे ही आत्मसात कर चुका होता है, जब वह 'धर्म-कर्म' शब्द एक साँस में एक साथ बोलता है। क्रमिक विकास के कारण एक मूल अंतर्धारा की निरंतरता इसमें दिखाई देती है।

प्रश्न यह भी है कि धर्म का निर्धारण किस प्रकार किया जाए और धर्मशास्त्रों ने इसे कहाँ से लिया। निश्चय ही हर नियम का कोई वास्तविक स्रोत तो होना ही चाहिए। धर्म के तीन स्रोत माने गए हैं—वेद, अन्य ग्रंथ तथा आचार। परंपरागत रूप से हरेक नियम का वास्तविक स्रोत वेद होना ही चाहिए। किंतु यदि ऐसा संभव न हो तो इसके निर्धारण का एक और मार्ग है, मनु के टीकाकार मेधातिथि कहते हैं कि यदि किसी नियम का वैदिक स्रोत नहीं मिल रहा है, स्रोत विस्मृत या लोप हो गया है तो कम-से-कम वेदों के जाननेवाले व्यक्तियों द्वारा वह नियम स्वीकृत होना चाहिए, क्योंकि संभव है कि वेद में उस नियम का स्रोत हो, किंतु उस समय उपलब्ध न हो। मेधातिथि के अनुसार इन स्रोतों में भी स्तर माने गए हैं और एक विषय पर अलग-अलग मत होने पर पूर्ववर्ती को श्रेष्ठ माना जाएगा। तंत्रवार्तिक में कुमारिल

कहते हैं कि महान् व्यक्तियों द्वारा निष्काम भाव से किया गया कार्य धर्म है, शुद्ध चित्तवाले वेदज्ञ को जिन नियमों से आत्मतुष्टि होती है, वह धर्म है, जिस प्रकार नमक की खान से नमक निकलता है, सोने की खान से सोना निकलता है, उसी प्रकार जिसके हृदय में वेद हैं, उसके हृदय से धर्म निकलता है।

श्री अरविंद ने धर्म का रूप स्पष्ट करते हुए कहा है कि व्यक्ति के धर्म के वर्तुल में सबसे पहले सामाजिक नियम आते हैं; केवल उसके जीवन से संबंधित, ये सबसे पहले तो सिर्फ उसके जीवन, स्व से संबंधित होते हैं, लेकिन अंततः समाज से भी संबंधित होते हैं। यह उस विशद तत्त्व के संबंध में होते हैं जो उसके भीतर भी है और संसार के सभी प्राणियों के भीतर भी है; जो ईश्वर है, आत्मा है। अतः शुरुआत में वह अपने स्व को समाज के स्व में समाहित करता है, लेकिन वह स्वयं को समाहित कर देने के लिए इस से बँधा नहीं होता है। उसको अपनी प्रकृति के अनुसार, अपने वर्ग और सामाजिक परिस्थिति के साथ सामंजस्य से, अपने देश के लिए और मानवता के लिए अपने अस्तित्व को उच्चतर स्तर तक ले जाते हुए जीना चाहिए, इस प्रकार का जीवन जीते हुए वह धर्म के उस स्वरूप से परे चला जाता है, जो सामाजिक स्तर पर होता है। इस प्रक्रिया में वह धर्म के उस स्वरूप को कोई हानि भी नहीं पहुँचाता है और तब वह आत्मा की मुक्ति के उस स्तर पर पहुँच जाता है, जहाँ नियम और कर्तव्य उसे बाँधते नहीं हैं। क्योंकि उसके कार्यकलाप दिव्य प्रकृति के उस स्तर से संचालित होते हैं, जो स्वतंत्रता और अमृतत्त्व से युक्त है। धर्म के यह सभी पक्ष आपस में जुड़े हैं। उदाहरण के लिए चारों वर्णों के अपने सामाजिक प्रकार्य और नैतिकता है, लेकिन इससे अलग अन्य नियम भी हैं, जो शुद्ध नैतिक मनुष्य के रूप में व्यक्ति के विकास का कारण बनते हैं। प्रत्येक व्यक्ति अपने कर्म को ईश्वरोन्मुख करके अपने धर्म का पालन करते हुए आध्यामिक स्वतंत्रता को प्राप्त कर सकता है।

धर्मशास्त्रों में धर्म का मार्ग बताया गया है, किंतु इन ग्रंथों में धर्म को पारिभाषित करने पर विशेष बल नहीं दिया है। धर्म क्या है, इस पर बहुत कुछ कहा जा सकता है, किंतु इसे परिभाषित करनेवाला एक ही वाक्य है—'यतो

अभ्युदयनिःश्रेयससिद्धिः स धर्मः' (कणाद, वैशेषिक सूत्र, 1.1.2) यही वह धर्म है, जिसका निरूपण मनु ने किया है।

धर्म शब्द धर्मशास्त्रों में चार प्रमुख अर्थों में प्रयोग होता है—

1. सार्वभौमिक प्राकृतिक नियम
2. आचार-संहिता
3. नैतिकता, न्याय सद्गुण आदि
4. निष्काम कर्म।

विज्ञानेश्वर ने धर्म के छह प्रकार बताए हैं—वर्ण, आश्रम, वर्णाश्रम, विशेष, आपद, सामान्य।

मनु स्वयं कहते हैं कि—धर्म का मूल श्रुति हैं, इसके बाद स्मृति है, फिर विद्वानों का मत, तत्पश्चात् साधु पुरुषों का चरित्र और अंत में आत्मतुष्टि। यदि कोई बात सब तरह से पुष्ट हो रही हो, किंतु उसका पालन करनेवाले की आत्मा उस कृत्य से संतुष्ट न हो रही हो तो वह धर्म नहीं है (2:6)। देशकाल-परिस्थिति के अनुरूप उसका स्वरूप बदल सकता है, यही गुण धर्मशास्त्रों को लचीला और परिवर्धनशील बनाता है।

मनु का धर्मशास्त्र या स्मृति?

मनु स्मृति पूर्व काल में मानव धर्मशास्त्र कही जाती थी। यह पिछली शताब्दी में हुआ कि इसे स्मृति, वह भी मनु स्मृति कहा जाने लगा। निश्चय ही संस्कृत में मनु से संबंधित होने के कारण इसे मानव धर्मशास्त्र कहा जाना ही उचित था। मनु ने प्रत्येक अध्याय के अंत में संस्कृत ग्रंथों की परंपरा के अनुरूप अध्याय, ग्रंथ और लेखक का नाम लिखा है। वहाँ पर भी स्पष्ट लिखा है कि 'मानव धर्मशास्त्रे भृगुप्रोक्तायम संहितायाम…' यहाँ पर संहिता शब्द का प्रयोग बहुत महत्त्वपूर्ण है। संहिता शब्द के प्रयोग के साथ लेखक इसको वेदों से जोड़ देता है और शायद इससे यह भी पता चल रहा है कि उस समय भृगु के अतिरिक्त और भी संहिताएँ थीं। कालांतर में हिंदी के बढ़ते प्रभाव से मानव के बजाय इसको मनु ही के नाम से जाना जाने लगा।

भारतीय परंपरा में प्राचीन साहित्य मुख्य रूप से दो भागों में जाना जाता है—श्रुति और स्मृति। श्रुति, अर्थात् जो ज्ञान सुनकर हस्तांतरित हुआ और श्रुति वैदिक ऋचाओं को कहते हैं, जो रची नहीं गईं, जिनका प्राकट्य हुआ। यूँ तो स्मृति शब्द वेदों से इतर साहित्य ग्रंथों के लिए प्रयुक्त होता है, अधिकतर यह शास्त्रों या धर्मशास्त्रों के लिए प्रयोग किया जाता है। मनु ने स्वयं कहा है—'श्रुतिस्तु वेदो विज्ञेयो धर्मशास्त्रं तु वै स्मृति'। स्मृतियाँ वैदिक प्रावधानों पर आधारित वे सभी ग्रंथ हैं, जिनमें सामाजिक आचरण से संबंधित निर्देश दिए हैं। परंपरागत रूप से धर्मशास्त्र कहे जानेवाले ग्रंथ श्रुति के समक्ष होने के कारण स्मृति शब्द कहलाने लगे थे। सामान्यजन की स्मृति में निरंतर रहने और प्रयोग करे जाने से इनको स्मृति कहा जाना सार्थक था।

यद्यपि मनु ने अपने हर अध्याय के अंत में अपने ग्रंथ को मानव धर्मशास्त्र कहा है, लेकिन आधुनिक लेखक इसे मनुस्मृति ही कहते हैं। (मांडलिक-1886) और जॉली इसे मानव धर्मशास्त्र कहते हैं, जबकि काणे, दवे, लिंगत इसे मनु स्मृति कहते हैं। स्वयं मनु ने इसे धर्मशास्त्र कहा है, अत: हम भी आगे इसको मनु का धर्मशास्त्र ही कहेंगे।

मनु के धर्मशास्त्र का रचनाकाल

प्राचीन भारतीय, या यूँ कहें कि सभी दक्षिण एशियाई ग्रंथों के बारे में सबसे बड़ी परेशानी उनका रचनाकाल निर्धारित करना है। यह बहुत से कारणों से कठिन हो जाता है, जिसमें सबसे पहला और प्रमुख कारण लेखकों द्वारा ग्रंथ में कहीं भी रचनाकाल का कोई उल्लेख तो दूर, इशारा भी न करना है। दूसरी बड़ी परेशानी अंतर्शास्त्रीयता या इंटरटेक्स्चुएलिटी है, प्राचीन ग्रंथकार बड़ी सहजता से दूसरों को उद्धृत करते हैं या उनसे ग्रहण करते हैं। ओलिवल ने इसे जटिल और भ्रामक कहा है। चूँकि यह ग्रहण काल क्रमानुसार तो होता नहीं, अत: इसके आधार पर ग्रंथ का स्पष्ट कालक्रम का निर्धारण भी संभव नहीं हो पाता है। इसके अलावा, ज्ञान की जीवंत परंपरा का भाग होने के कारण ग्रंथों की भी मानो एक जीवन यात्रा

होती है। कभी इस बीच उनमें कुछ जुड़ता, हटता, खोता या बदलता भी है।

भारतीय मनीषा सदा से स्वयं के महिमामंडन से दूर रही है, अत: इस ग्रंथ के लेखक ने भी कहीं स्वयं का परिचय देने का कष्ट या प्रयास नहीं किया है। मनु ने स्वयं धर्मशास्त्र को अव्यय (1:57) तथा स्वयंभू (1.3,6) कहा है। प्रथम अध्याय में वे कहते हैं कि यह ज्ञान पिता ब्रह्मा ने स्वयं उनको दिया और उन्होंने भृगु आदि अपने शिष्यों को कहा। कथावाचन के रूप में ग्रंथ लिखने की परंपरा के अनुरूप भृगु ने इसे लोगों को सुनाया और भृगु ही इसके संकलक बने। भीष्म भी महाभारत में कहते हैं कि त्रेता युग से पहले सबकुछ इतना सुचारू और नीतिपूर्ण था कि विधि और न्याय-व्यवस्था की आवश्यकता ही नहीं थी, बाद में आवश्यकता पड़ने पर ब्रह्मा ने विधि तथा न्याय का ज्ञान मनु को दिया। परवर्ती ग्रंथों तथा भाष्यों में भी मनु की मेधा, उनके धर्मशास्त्र की प्रामाणिकता की बात तो है, किंतु उनके व्यक्तिगत परिचय के विषय में कुछ ऐसा विशेष नहीं मिलता, जिससे मनु और उनके ग्रंथ, दोनों के काल के विषय में कुछ स्पष्ट पता चल सके। नारद संहिता में उन्हें प्रजापति मनु कहकर संबोधित किया है। सामान्य जन परंपरा में माना जाता है कि प्रथम राजा, वैवस्वत मनु ने राजकाज के अपने अनुभव के आधार पर उसकी रचना की थी।

इसी कारण से मनु का रचनाकाल निर्धारित करना भी कठिन है, किंतु उनकी भाषा, शैली तथा परवर्ती ग्रंथों में उनके उल्लेख के आधार पर पाश्चात्य विद्वानों ने मनु धर्मशास्त्र के संभावित रचनाकाल के प्रथम तथा अंतिम बिंदु का निर्धारण कर लिया गया है। मोटे तौर पर मनु के धर्मशास्त्र का रचनाकाल तीसरी से पाँचवीं शताब्दी के बीच ठहराया जाता है। मनु ने धर्मशास्त्र में जिस प्रकार अभारतीय जनसमुदाय का उल्लेख किया है, उससे भी उनके काल का अनुमान लगाया गया है। इसके लिए जिन विदेशी समूहों का उन्होंने नाम लिया है, उनके भारत से संपर्क में आने की ऐतिहासिक जानकारी के आधार पर मनु का काल निर्धारित करने का प्रयास किया गया। यही मनु के काल निर्धारण का सबसे सुदृढ़ आधार बना। यही नहीं इस काल तक मनु की श्रेष्ठता स्थापित हो चुकी, इससे यह भी माना जा सकता है कि मनु उससे भी

पुराने थे। याज्ञवल्क्य, वात्स्यायन, बृहस्पति आदि ने मनु की श्रेष्ठता बताई है। बाद में लिखे धर्मशास्त्र के विपरीत मनु ने दस्तावेजी साक्ष्य के लिए लेख्य शब्द का प्रयोग नहीं किया है, यह तथ्य भी मनु के कालक्रम के निर्धारण में बड़ा निश्चयात्मक रहा। बुहलर आदि पाश्चात्य विद्वानों ने इस तथ्य को मनु के कालक्रम निर्धारण में विशेष कारक के रूप में माना है।

मानव धर्मशास्त्र पूर्णतः पद्य में लिखा गया है। उपनिषदों की तरह ही धर्मशास्त्रों, धर्मसूत्रों में भी दिखाई देता है कि प्रारंभिक ग्रंथ गद्य में थे, फिर गद्य और पद्य का मिला-जुला स्वरूप था। मनु ने अपना ग्रंथ पूर्णतः पद्य में लिखा था। मानते हैं कि उस समय यह चलन चला था और महाभारत भी पूर्णरूपेण पद्य थी (अकादमिक जगत् में मानव धर्मशास्त्र तथा महाभारत लगभग समकालीन ही माने जाते हैं, पद्यबद्ध होना भी इसका एक आधार है)। ऐसा प्रतीत होता है कि मनु प्रथम थे, जिन्होंने सर्वप्रथम गद्य के साथ काव्य रूप में छंदबद्ध और वार्त्तालाप शैली में इतना महत्त्वपूर्ण ग्रंथ लिखा। धर्मसूत्र किसी भी अकादमिक ग्रंथ के समान सीधे-सीधे काम की बात करते हैं, जबकि मनु ने परवर्ती वैदिक ग्रंथों के समान पहले भूमिका बाँधी और एक कहानी बनाई है और तब अपनी बात कही। कहानी के क्रम में इसमें ब्रह्मा को लाकर इसे एक प्रकार से मान्यता दी तथा इसे सभी विवादों से परे बना दिया है। लेकिन हम इस तथ्य को भी नकार नहीं सकते कि हर काल में लेखन-शैली के चलन होते होंगे, जिसको मनु ने भी अपनाया होगा। इससे ऐसा लगता है कि मनु का काल प्रारंभिक धर्मसूत्रों के रचनाकाल के बाद कभी का है, ऐसा विद्वानों का एक वर्ग मानता भी है।

जो भी तथ्य उपलब्ध हैं, उनके आधार पर कालक्रम तथा रचनाकाल का निर्धारण सरल नहीं है। उपलब्ध तथ्यों के आधार पर बुहलर ने इसे ईसा से दो शताब्दी पूर्व से दो शताब्दी के बीच कहीं माना है। काणे, जायसवाल तथा लिगायत आदि भी इससे सहमत हैं, किंतु अभी भी इसपर कुछ निश्चयात्मक रूप से कहा नहीं जा सकता है, सबसे पहले जो यह आधार लिया गया है कि मनु ने जिन प्रजातियों के नाम लिये हैं, उनके भारत में प्रवेश को मनु का

काल माना जाए, यह तो तर्क सिरे से ही भ्रामक लगता है, क्योंकि एक ओर तो संपूर्ण एशिया से लेकर यूरोप तक मनु के प्रभाव के चिह्न मिलते हैं, दूसरी और ये कहना कि मनु को इन प्रजातियों की जानकारी तब मिली, जब ये भारत की मुख्य धरती पर चढ़ आए, तार्किक नहीं लगता, क्योंकि मनु की जानकारी, ज्ञान और रचना का उद्‌देश्य केवल कच्छ से कामरूप और कश्मीर से कन्याकुमारी तक सीमित ही नहीं रहा होगा।

मनु एक पद का नाम है, यह कहने वाले इसके लिए मनु और अन्य ग्रंथकारों द्वारा दिए गए एकाधिक मनु उपनाम वाले ऋषियों की बात करते हैं, किंतु अर्धसत्य को ग्रहण करके नतीजा निकालते हुए वे यह तथ्य नहीं देखते कि एक मन्वंतर में एक ही मनु होता है और उस एक मन्वंतर की अवधि क्या होती है, उसको मानते ही मनु हजारों वर्ष पहले के हो जाते हैं, फिर भी अगर हम एक ही तथ्य पर ध्यान दें कि वर्तमान मनु का उल्लेख एकाधिक बार ऋग्वेद में आता है तो मानना पड़ेगा कि मनु ऋग्वेद से तो पहले के ही होंगे। ऋग्वेद को जो पश्चिमी विद्वान् अब बहुत नया मानते हैं, वे भी कुछ हजार साल पुराना मानते हैं, जबकि वास्तव में यह इससे कहीं अधिक पुराना है, अगर हम स्वयं मनु के कथन को कि कई मनु हुए, इस बात के लिए आधार मानते हैं तो उनकी चार युग की स्थापना को भी मानना होगा। द्वापर के चिह्न के रूप में मिली बेठ द्वारका का कालखंड बहुत पीछे जाता है।

इंडियन एक्सप्रेस में छपी एक रिपोर्ट के अनुसार मरीन वैज्ञानिकों का यह मानना है कि लगभग 120 फीट नीचे मिले द्वारका नगर के अवशेष 9,000 वर्ष से भी ज्यादा पुराने हो सकते हैं। वहाँ मिले मलबे, बरतन, जेवर, मूर्ति आदि की कार्बन डेटिंग से पता चलता है कि यह स्थान लगभग साढ़े नौ हजार साल पुराना भी हो सकता है। इस प्रकार यह प्राचीन चीनी और सुमेरियन सभ्यता से कहीं अधिक पुराना है, यह अवधि हरिवंश पुराण में दिए गए समय से लगभग बराबर है, यह तो केवल एक उदाहरण है। पूर्वनिर्धारित निष्कर्षों को सत्यापित करने के लिए पूर्व के प्राचीन इतिहास के साथ छेड़छाड़ करने की परंपरा सी चल गई है और औपनिवेशिक मानसिकतावाले भारतीय वामी विद्वानों ने भी

उसी को सत्य ठहराने के प्रयास किए हैं। उदाहरण के लिए रामेश्वरम और श्रीलंका को जोड़नेवाला सेतु, जिसे परंपरा से भारत में 'रामसेतु' कहा जाता है, विदेशियों ने व्यापारिक पोतों की सुविधा के लिए तोड़ने का निश्चय कर लिया, जब भारतीयों ने इसका विरोध किया तो वामी विद्वानों ने यह ही सिद्ध करने की धृष्टता कर डाली कि राम कोई थे ही नहीं, राम-रावण युद्ध हुआ ही नहीं और वह सेतु मानव निर्मित नहीं है। तत्कालीन कांग्रेस सरकार ने इसको लेकर एक हलफनामा भी अदालत में दे दिया, जबकि अभी तक इसपर कोई निर्णयात्मक शोध होना बाकी है। इसी प्रकार हाल ही में उत्तर प्रदेश के सिनौली नामक स्थान पर 4000 वर्ष पुराने अवशेषों के निकलने के बाद भारतीय इतिहास के विषय में बहुत सी धारणाएँ बदल गईं। इसी प्रकार सैटेलाइट से मिले चित्रों के आधार पर प्राचीन सरस्वती नदी के धारामार्ग को खोजने का काम वामी अकादमिक मठाधीशों ने पुनः सत्ता में सहानुभूतिपूर्ण दल के आते ही सबसे पहले बंद करा दिया, क्योंकि सरस्वती नदी के धारामार्ग को खोज लेने का मतलब उसके किनारे बसी हुई ऐसी सभ्यता का पता लग जाना होता, जो सिंधु घाटी की सभ्यता से कहीं पुरानी होती, ऐसी स्थिति में बहुत बड़ी संभावना यह भी है कि इसके साथ ही बहुत सी धारणाएँ ध्वस्त होतीं, जिनमें से आर्यों के विदेशी होने, मूल निवासी का प्रपंच, भारतीय सभ्यता की प्राचीनता भी होते। खोज सफल होगी या नहीं होगी यह सोचे बिना, क्यों कोई खतरा उठाया जाए, ऐसा सोचकर ही काम बंद करवा दिया गया, जबकि अगर सरस्वती नदी की अंतर्धारा चिह्नित कर ली जाती तो भारत के बहुत बड़े रेगिस्तानी इलाकों में मीठे पानी की समस्या हल हो जाती। इन तथ्यों का उल्लेख यहाँ संदर्भहीन नहीं है। यह इस बात को स्पष्ट करने के लिए है कि पाश्चात्य विद्वानों द्वारा मनु का काल-निर्धारण सत्य नहीं माना जा सकता है। इसलिए मेरे मत में जब हम किसी प्राचीन व्यक्तित्व या ग्रंथ का काल निर्धारण करें तो बाह्य तथ्यों को जोड़कर कोई टूटा-फूटा निर्णय लेने के स्थान पर इसके लिए ग्रंथों के अंदर दिए गए संकेतों पर ही निर्भर करें। हम बड़ी सुविधा से कह सकते हैं कि मनु के काल निर्धारण का कोई भी प्रयास तथ्यों पर आधारित नहीं लगता है और

मनु और उनका धर्मशास्त्र संभवत: आधुनिक विद्वानों के अनुमान से कहीं अधिक पुराने हैं।

मानव धर्मशास्त्र के रचनाकार

किसी भी प्राचीन भारतीय ग्रंथ के लेखक समान मानव धर्मशास्त्र के रचनाकार की भी अगर किसी एक विषय में रुचि नहीं थी तो वह अपना स्वयं का परिचय था। मानव धर्मशास्त्र में सात मनुओं का उल्लेख मिलता है, यद्यपि संहिता के लेखक भृगु अपने गुरु की महिमा का बहुविधि बखान करते हैं, किंतु उनका सुस्पष्ट परिचय देना उचित नहीं समझते हैं। भृगु अपने गुरु को ब्रह्मा के समकक्ष मानते हैं और मानव जाति के पिता मानते हैं (अध्याय-1)। जगह-जगह ग्रंथ में मनु को सर्वज्ञ बताया गया है, उनको एक ऐसे राजा के रूप में बताया है, जिसने विनयशीलता से प्रभुसत्ता प्राप्त की। भृगु कहते हैं कि मनु ने जो कुछ भी कहा है, वह वेदों के अनुरूप ही है, क्योंकि मनु सर्वज्ञ हैं (2:7)। एक अन्य स्थान में भृगु कहते हैं कि उन्हें अग्नि, मनु सृष्टि रचयिता, इंद्र, प्राण और ब्रह्मा के नामों से भी जाना जाता है (12:123)। इस सबसे यह ही लगता है कि मनु एक उपाधि थी, न कि एक नाम। मेधातिथि ने भी कहा है कि मनु प्रजापति को दिया गया नाम है। केवल मोटवानी ने निष्कर्ष निकाला है कि मनु किसी ऐसे को कहा जाता था, जो कि वेद की सभी शाखाओं में पारंगत हो, सामाजिक जीवन के नियमों का निर्माता हो और उसका ज्ञान सार्वभौम हो। वेद, पुराण, गीता आदि में चार मनुओं का उल्लेख मिलता है। स्वयं भृगु ने कहा है कि उनके गुरु मनु से पहले छह मनु हो चुके हैं और वे सातवें मनु हैं, उनके नाम क्रमवार इस प्रकार दिए गए हैं—स्वयंभू, स्वरिषा, औत्तमी, तामस, रैवत, चाक्षुष और वैवस्वत। ये सभी दिव्य पुरुष थे और अपने-अपने कालखंड में मानवता का मार्ग दर्शन करते रहे थे (1:61-63)। जो भी हो, नाम पर स्पष्टता हो न हो, धर्मशास्त्र की विषय वस्तु में स्पष्टता तो है ही।

मनु उपाधिधारी की परंपरा को देखते हुए बहुत लोगों का कहना है कि यह ग्रंथ एक व्यक्ति का लिखा नहीं है, लेकिन अगर वे मनु और मन्वंतर की

अवधारणा को जानने का जरा भी प्रयत्न करते तो उनको ऐसा नहीं लगता। ऐसा बहुत से प्राचीन भारतीय ग्रंथों के विषय में कहा जाता रहा है कि यह ग्रंथ तो मात्र जनश्रुति पर आधारित है। बहुत से लोगों ने समय-समय पर इसमें कुछ-न-कुछ जोड़ा है, ऐसा कहने के पीछे सामाजिक-राजनीतिक आधार ग्रंथ के रूप में इन ग्रंथों की मान्यता को कम करने का प्रयास दिखता है। महाभारत, रामायण के विषय में भी वे ऐसा ही कहते रहे हैं। इतिहास लेखन की भारतीय परंपरा आधुनिक पाश्चात्य शैली से नितांत भिन्न है, उस भिन्नता को स्वीकारने के स्थान पर उसको नकारने से भारत के इतिहास को मनमाने ढंग से तोड़ने-मरोड़ने का मानो लाइसेंस ही मिल गया है।

यद्यपि अब इस सोच को बहुत हद तक खारिज भी कर दिया गया है। होपकिंस जैसे प्रारंभिक पाश्चात्य टिप्पणीकारों का मत था कि यह ग्रंथ बहुत से लोगों कि कही हुई सूक्तियों का संग्रह है। बुहलर का भी यही मानना था कि मनुधर्मशास्त्र एक व्यक्ति द्वारा किया गया सूक्ति संग्रह था, जिसमें समय-समय पर लोग कुछ नया जोड़ते गए। लैरिवियर, गित्मर आदि ने भी मनु और नारद जैसी संहिताओं का एक नहीं बहुत से लोगों का काम बताया है (2003,3)। इसकी मुख्य वजह भारतीय ज्ञान-विज्ञान की परंपराओं के प्रति उनकी अनभिज्ञता तथा कुछ अंश तक भारत या पूर्व के प्रति उनके पूर्वाग्रह थे। किंतु जैसे-जैसे पश्चिम भारतीय ज्ञान एवं मेधा के प्रति अधिक खुलता गया, पश्चिम और पूर्व के अंतरों को जानता गया, इस सोच में परिवर्तन आता गया। ऐसे सभी दावे, जो जोंस के समय से किए जाते रहे हैं और जिन्हें धीरे-धीरे भारत में भी मान्यता मिल गई थी, ध्वस्त कर दिए गए हैं।

जिस प्रकार Hiltebeitel, Madeleine Biardeau आदि ने महाभारत के संदर्भ में कहा कि यह निश्चित ही किसी विलक्षण बुद्धिवाले एक ही व्यक्ति की रचना है, उसी प्रकार पैट्रिक औलिवल कहते हैं कि मृगु द्वारा लिपिबद्ध यह मानवधर्मशास्त्र नाम का ग्रंथ किसी पहले से मौजूद ग्रंथ का पुनर्संस्करण (या संकलन) नहीं, अपितु एक मौलिक ग्रंथ है। पुन: मेरा (औलिवल का) विश्वास है कि यह एक अकेले व्यक्ति द्वारा लिखा गया था अथवा शोध सहायकों की

एक ऐसी समिति द्वारा लिखा गया था, जो एक प्रभावशाली विद्वान् के नेतृत्व में काम कर रहे थे। और भी विद्वानों ने इस प्रकार की बातें कही हैं, सबके ऐसा समझने के अलग-अलग कारण भी हैं। हम यहाँ पर औलिवल के विचारों की चर्चा करेंगे। औलिवल के इस निष्कर्ष का आधार मुख्य रूप से मनु धर्मशास्त्र का ढाँचा है। वो आगे कहते हैं कि मनु धर्मशास्त्र का जो ढाँचा मैंने पाया है, वह अत्यंत सूक्ष्म होने के साथ-साथ इतना स्पष्ट है कि यह तो संभव ही नहीं कि इसकी रचना बहुत सी सूक्तियों के अनायास संग्रहण से हो गई हो, यह भी संभव नहीं कि बहुत लंबे कालखंड में समय-समय पर किए संपादन के कारण यह ग्रंथ अपने अभी के रूप में आया हो। इसकी संकल्पना तथा लेखन किसी असाधारण क्षमता और व्यवस्थित बुद्धिवाले एक ही व्यक्ति द्वारा किया गया है।

औलिवल अपने इस निष्कर्ष का आधार अध्यायों का वर्गीकरण तथा पूर्व और परवर्ती विषयों के बीच के तारतम्य को बनाते हैं और उन्होंने इसको अकाट्य तर्कों के साथ अत्यंत विस्तार से समझाया है। वे तो यहाँ तक कहते हैं कि इसका व्यवस्थित ढाँचा देखकर कहीं से भी नहीं लगता है कि यह ग्रंथ वाचिक परंपरा के अंतर्गत रचा तथा हस्तांतरित किया गया है। निश्चित ही इसे योजनाबद्ध रूप से लिखा ही गया है।

नारद स्मृति के आरंभ में कहा गया है कि मनु प्रजापति ने 1080 अध्याय और एक लाख श्लोकों वाला ग्रंथ लिखा, जिसे नारद ने संक्षिप्त करके 12000 श्लोकों में लिखा और पुनः मार्कण्डेय ने इसे और संक्षिप्त किया। पुनः भार्गव ने इसे 4000 श्लोकों में समाहित किया। मेधातिथि ने भी इसे दोहराया है। स्कंदपुराण में भी कहा गया है कि मूल ग्रंथ के संस्करण भृगु, नारद, बृहस्पति तथा अंगिरा द्वारा किए गए हैं।

मानव धर्मशास्त्र की प्रतिष्ठा को सर्वमान्य तथा सभी प्रश्नों से परे बनाते हुए उसमें स्पष्ट किया गया है कि जब पृथ्वी पर अनाचार-दुराचार बढ़ा तो ब्रह्मा ने स्वयं इस धर्मशास्त्र की रचना की और उसे अपनी संतान मनु को बताया। मनु ने भृगु, अंगिरा आदि छह शिष्यों को उसका ज्ञान दिया, जब ऋषिगण धर्म के मर्म को जानने की जिज्ञासा लेकर मनु के पास आए तो

आरंभिक कुछ अंश बताने के बाद उन्होंने भृगु से कहा कि शेष उपदेश वे ऋषियों को दे दें। ओलिवल कहते हैं कि यह उनको उसी तरह लगता है, जैसे किसी आधुनिक विश्वविद्यालय का व्यस्त वरिष्ठ प्राध्यापक अपने वरिष्ठ शोध छात्र को कहे कि वह नए ग्रेजुएट छात्रों की क्लास ले ले।

मानव धर्मशास्त्र निश्चय ही धर्मसूत्रों के बाद की रचना है, जहाँ एक गुरु और उसके अनाम जिज्ञासु शिष्यों का एक समूह मनु के पास आता और उनसे धर्म की जिज्ञासा करता है। बिना किसी भूमिका के मनु उनको ज्ञान देने लगते हैं। मनु अपने ज्ञान और धर्म प्रवर्तन के अधिकार को लेकर इतने निश्चित हैं कि पूर्ववर्ती किसी विधि का खंडन, मंडन या उल्लेख भी करना पसंद नहीं करते हैं। उन जिज्ञासुओं का उल्लेख भी पूरे ग्रंथ में इसके बाद दो ही जगह आता है, अध्याय 5 और अध्याय 12 में, अब शायद इसका लेखाकार उनमें से ही हो सकता था, लेकिन इसकी संभावना कम ही है, क्योंकि लेखक सदैव जिज्ञासु ऋषियों का उल्लेख अन्य पुरुष के रूप में ही करता है। तो क्या वह लेखक या लिपिकार भृगु और ऋषियों की वार्त्ता छुपकर सुन रहा था? नहीं ऐसा भी नहीं है। यह तो भारतीय दर्शन के प्राचीन ग्रंथों को लिखने की शैली है। बहुत से पुराण, उपनिषद, रामचरितमानस जैसे काव्य भी कथोपकथन की शैली में ही लिखे गए हैं।

मानव धर्मशास्त्र की संरचना : मानव धर्मशास्त्र की संरचना के मुख्य चार अंग हैं और उनके आकार और महत्त्व में कहीं कोई भी समरूपता नहीं है। ये चार अंग इस प्रकार हैं—

1. संसार की सृष्टि
2. धर्म का मूल
3. चतुर्वर्ण के लिए धर्म
4. कर्म, पुनर्जन्म और मोक्ष।

मानव धर्मशास्त्र के अतिरिक्त किसी भी धर्मशास्त्र या सूत्र में सृष्टि की उत्पत्ति के बारे में नहीं बताया गया है। मेधातिथि तो इस पूरे प्रकरण को ही संदर्भ से हटा हुआ, अतएव क्षेपक मानकर निरस्त कर देते हैं, लेकिन ऐसा

लगता है कि इस ज्ञान को ब्रह्मा के मुख्य निसृत बताने के कारण (ध्यान रहे कि मनु स्वयं भी सृष्टि रचयिता कहलाते हैं) उसकी विश्वसनीयता बढ़ाने के लिए उसमें सृष्टि का रहस्य फिर सामवेद के पुरुष सूक्त से प्रेरित चतुर्वर्ण के प्रादुर्भाव की कहानी कही गई है।

मानव धर्मशास्त्र के चारों भागों में से तीसरे भाग का आकार सबसे बड़ा है और इसका महत्त्व सर्वाधिक माना जाता है। पहले दो भाग मुख्य तीसरे भाग की प्रस्तावना के रूप में हैं और अंतिम भाग निष्कर्ष या उपसंहार के रूप में है। चौथे भाग को तीसरे भाग के पालन के लिए प्रोत्साहन की तरह लिया गया है। कर्तव्यों के उल्लंघन और पालन को स्वर्ग, मुक्ति, मोक्ष आदि से जोड़कर दर्शाया गया है। ऐसा इसलिए है जिससे व्यक्ति नियमों के पालन में निरत हो। ऐसा लगता है कि धर्मशास्त्र जिन लोगों के लिए लिखा गया था, उनके लिए सबसे अधिक महत्त्वपूर्ण जीवनोपरांत गति थी। स्वाभाविक भी है, क्योंकि भारतीय दर्शन तथा जीवन सदा से निवृत्तिमूलक रहा है।

इस ग्रंथ के 12 अध्याय हैं तथा यह वर्गीकरण मानव धर्मशास्त्र के सभी प्राचीन संस्करणों में पाया जाता है। यह अध्याय भी अलग-अलग वर्णों में बँटे हुए हैं। स्पष्टता से एक विषय से दूसरे में जाते हुए बीच के (ट्रांजिटरी) श्लोकों में से एक से दूसरे विषय पर जाने का संकेत है।

उदाहरण के लिए—

एषा धर्मस्य वो योनि: समासेज प्रकीर्तिता।
संभवश्चास सर्वस्य वर्णधर्मानिनबोधत॥

(2. 25)

इस श्लोक से यह पता चलता है कि पूर्ववर्ती श्लोकों में विधि के स्रोत को बता चुकने के बाद अब वर्णों के अनुसार नियम बताए जाएँगे। यह विषय को बढ़ाने की एक विशिष्ट शैली है, जो संस्कृत ग्रंथों में, विशेषत: धर्मशास्त्रों में, विरल है। इससे एक ओर तो यह पता चलता है कि यह एक पूर्ण नियोजित ग्रंथ है, न की सुनी-सुनाई बातों का संग्रह, जो कि लोगों ने यूँ ही बना लिया हो। दूसरी ओर अगर हम सभी ट्रांजिटरी श्लोक अलग करके क्रमवार लिख

लें तो हमें मनु के ग्रंथ का नियोजन और काफी हद तक इस ग्रंथ की रचना करते हुए उनकी दृष्टि या लक्ष्य का पता चल जाता है।

मानव धर्मशास्त्र में विरोधाभास का आरोप

अन्य प्राचीन ग्रंथों के समान मनु के धर्मशास्त्र के विषय में भी बहुत कुछ ऐसा कहा गया, जिससे किसी प्रकार से इस महान् ग्रंथ को महत्त्व तथा प्रभुता को कम किया जा सके। इसी इरादे से लगातार यह सिद्ध करने का प्रयास होता रहा कि इसे एक लंबे कालखंड में बिना सोचे-समझे अलग-अलग संदर्भ से कही गई बातों का संग्रह है और इसे यह ही सिद्ध करके खारिज कर दिया जाए। इसी क्रम में कहा जाता है कि इसमें कुछ श्लोक ऐसे भी मिलते हैं, जिनमें आपस में विरोध है। बहुधा मनु के प्रशंसक भी इस आरोप के निवारण के लिए कह देते हैं कि ऐसे श्लोकों में से कोई एक क्षेपक है, लेकिन बात इतनी सरल भी नहीं है। अकसर दोनों विरोधाभासी श्लोकों को सही संदर्भ और प्रसंग के साथ देखें तो ऐसा नहीं लगता है।

दो परस्पर विरोधी बातों को एक ही ग्रंथ में देखकर किसी निष्कर्ष पर पहुँचने से पहले कुछ बातों पर ध्यान देना चाहिए। पहली तो यह कि प्राचीन भारतीय लेखन में यह चलन है कि लगभग समान रूप से महत्त्वपूर्ण विद्वानों के परस्पर विरोधी दो विचार दिए जाएँ और फिर बहुत से उदाहरणों, विधि, नियमों आदि की कसौटी पर उनको कसा जाए और फिर धर्मशास्त्र तो होते ही पिछले ग्रंथों के सातत्य में हैं, अतः उनमें ऐसा होना स्वाभाविक ही है। कभी-कभी मनु को किसी एक विचार को निरस्त करके अपने विचार को रखना हो तो भी वे पहले विचार को विचारक के नाम से 'इति कथ्यते' ऐसा लिखकर नहीं प्रस्तुत करते हैं। इसका एक कारण यह समझ में आता है कि मनु अपने ग्रंथ को स्वयं ब्रह्मा के मुख से निःसृत प्रथम आचार-संहिता बताते हैं तो वे उसमें किसी और को उद्धृत कैसे कर सकते हैं, ऐसे में उनको दोनों ही बातें अपने कथन में बुननी पड़ती हैं, अगर मनु के ग्रंथ को बारीकी से पूरा पढ़ें तो यह स्पष्ट भी होता है।

यहाँ पर एक और बात समझने की है कि धर्मशास्त्र कहीं-न-कहीं

समाज के दर्पण होते हैं। जो कुछ समाज में हो रहा है, उसको नजरअंदाज नहीं कर सकते, लेकिन ब्रह्मापुत्र मनु साथ में अपनी दृष्टि में जो अनुचित पाते हैं, वह इंगित करने का अपना कर्तव्य भी नहीं भूलते। एक उदाहरण नियोग का है। एक स्थान पर वह नियोग के विधि-विधान का वर्णन करते हैं, किंतु साथ ही वह यह भी कहते हैं कि नियोग चारों वर्णों में किसी के लिए भी उचित नहीं है। नियोग के समान ही कन्या शुल्क के संदर्भ में भी देखने को मिलता है। जहाँ एक स्थान पर मनु बताते हैं कि शुल्क से प्राप्त स्त्री का विवाह पति के मरने पर पति के छोटे भाई से कर दिया जाए। दूसरी ओर वह चारों वर्णों के लिए ही कन्या शुल्क लेना अकरणीय बताते हैं।

हम एक वाक्य में कहें तो यह विधिवेत्ता मनु और ऋषि मनु के बीच का विरोधाभास है। जब मनु विधान बताते हैं तो तत्कालीन विधान और परंपरा के अनुरूप नियम बताते हैं, किंतु इस पर भी ऋषि और सुधारक मनु अपने नैतिक कर्तव्य से हट नहीं सकते तो वह उस कृत्य के औचित्य-अनौचित्य पर भी टिप्पणी करते हैं, जो सतही तौर पर देखने से विचारों में विरोधाभास प्रतीत होता है। इसी प्रकार मनु ने सामान्य धर्म से हटकर नियम आपद धर्म के बताए हैं, अगर उनको भी समग्रता में न देखा जाए तो विरोधाभास का भान होता है।

विरोधाभास दिखाई देने का एक और कारण तथ्य को बिना संदर्भ के देखना है, जैसे मनु कहते हैं कि कृपण वेदज्ञ के धन से श्रेष्ठ उदार, सूदखोर का धन है। दूसरी ओर कहीं ओर वे कहते हैं कि सूदखोरी, भ्रूण हत्या से भी नीच कर्म है। यहाँ संदर्भ का अंतर है। पहले संदर्भ की चर्चा का विषय औदार्य था और इसमें ब्राह्मण और सूदखोर तो बात का वजन बढ़ने के लिए आ गया। यहाँ पर भी अगर हिंदी का 'तक' शब्द जोड़ें तो अलग ही अर्थ दिखाई देता है—उदार हो तो सूदखोर तक का धन कृपण ब्राह्मण के धन से श्रेष्ठ है। इसमें स्पष्ट है कि सूदखोरी को श्लाध्य नहीं माना जा रहा है।

इसके अलावा और भी कारण होते हैं, जिनकी वजह से गहराई से न पढ़ने पर मनु के विचारों में विरोधाभास दिखाई देता है।

□

2

मनु की कालगणना और सृष्टि का आरंभ

मनु ने स्वयं लिखा है कि उनके पहले छह मनु हो चुके हैं, जिनके नाम क्रमशः स्वयंभू, स्वरोचिष, उत्तम, तामस, रैवत तथा चाक्षुष हुए और वे स्वयं सातवें वैवस्वत मनु हैं, ये सभी महातेजवान थे (1:61-63) प्रत्येक मनु का काल मन्वंतर कहलाता है।

कल्प अथवा ब्रह्मा के एक अहोरात्रि के प्रत्येक क्रम में 14 मन्वंतर होंगे, जिनके बीच संधिकाल होगा। सृष्टि की कालगणना मनु ने इस प्रकार की है—

18 निमिष	=	1 काष्ठ
30 काष्ठ	=	1 कला
30 कला	=	1 मुहूर्त
30 मुहूर्त	=	1 अहोरात्रि (दिन और रात)
30 अहोरात्रि	=	1 पितृ दिवस
360 अहोरात्रि	=	1 वर्ष
360 वर्ष	=	1 दिव्य वर्ष
4800 दिव्य वर्ष (1728000 वर्ष)	=	1 सतयुग
3600 दिव्य वर्ष (1296000 वर्ष)	=	1 त्रेता युग
2400 दिव्य वर्ष (864000 वर्ष)	=	1 द्वापर युग
1200 दिव्य वर्ष (432000 वर्ष)	=	1 कलियुग

4 युग (सत, त्रेता, द्वापर, कलि 4320000 वर्ष)	=	1 चतुर्युग या महायुग
71 चतुर्युग (306720000 वर्ष)	=	1 मन्वंतर
14 मन्वंतर (4294080000 वर्ष) + संधि वर्ष	=	4320000000 ब्रह्मा के एक दिन

ब्रह्मा के एक दिन तथा एक रात बराबर होते हैं, अत: ब्रह्मा का एक अहोरात्रि 8640000000 वर्ष का हुआ।

अब हम मनु की इसी गणना के आधार पर पृथ्वी की आयु निकाल सकते हैं—

1.	6 मन्वंतर	=	1840320000 वर्ष
2.	3 संधि	=	8640000 वर्ष
3.	27 चतुर्युग	=	116340000 वर्ष
4.	वर्तमान चतुर्युग के 3 युग	=	3888000 वर्ष
5.	वर्तमान कलियुग के वर्ष	=	5000 वर्ष
	पृथ्वी की कुल आयु (1+2+3+4+5)	=	1969193000 वर्ष

मनु की गणना के अनुसार प्राप्त पृथ्वी की आयु आज के भूविज्ञानियों की गणना के लगभग समान ही बैठती है। संभावना यह भी हो सकती है कि हिंदू ग्रंथों में दी हुई पृथ्वी की आयु ही सटीक हो।

मदाम ब्लावत्स्की 'आइसिस अनवेल' में कहती हैं कि हिंदू कालगणना का चार युगों में विभाजन का जितना ऊपर से प्रतीत होता है, उससे कहीं गहरा दार्शनिक आधार भी है। यह प्रत्येक युग में मनुष्यों की मनोवैज्ञानिक या मानसिक और भौतिक अवस्था का भी वर्णन करते हैं—प्रथम युग सतयुग है, जो स्वर्ण युग और आनंद का युग है, यह आध्यात्मिक पवित्रता का युग है। द्वितीय त्रेतायुग है, जो रजत या अग्नि का युग है। यह युग मनुष्य और दिव्य

आत्माओं के उत्थान का युग है। तृतीय युग द्वापरयुग या कांस्य युग, आत्मा और भौतिकता के मिश्रण का युग है। अंतिम युग कलियुग लौह युग है और अंधकार, कष्ट और दुःख का युग है।

मनु ने अपने ग्रंथ का आरंभ सृष्टि रचना के आख्यान से किया है। वे कहते हैं कि यह सृष्टि अंधकार रूप थी, अप्रशात, अलक्षण, अप्रताक्र्य और अविज्ञेय थी, अर्थात् न तो कोई उसको देख सकता था और न ही उसमें कोई लक्षण था, उसको न तो तर्क द्वारा जाना जा सकता था और न बुद्धि द्वारा, मानो गहन निंद्रा में डूबी हुई थी, तब वहाँ स्वयंभू का आविर्भाव हुआ, जो इतना सूक्ष्म था कि केवल सूक्ष्म इंद्रियों से जाना जा सकता था। उसने स्वयं से सृष्टि का संकल्प किया और सबसे पहले जल की सृष्टि करके स्वयं का बीज उसमें डाला। वह बीज सूर्य के समान परम तेजस्वी सुनहरे अंडे के समान बन गया और उससे ही सभी लोको के पितामह ब्रह्मा का जन्म हुआ। जल, अर्थात् नर में निवास अथवा आयण होने के कारण वे नारायण कहलाए। अंडे में बैठे ब्रह्म ने अपने दो टुकड़े किए, जो स्वर्ग और पृथ्वी बने। तत्पश्चात् चंद्रमा, नक्षत्र, सागर, नदियाँ, पर्वत, मैदान उत्पन्न हुए। उसके बाद आकाश में चमकनेवाली बिजली, तूफान, बादल, इंद्रधनुष, उल्का आदि अनेक वस्तुएँ बनीं, फिर ब्रह्मा ने अपनी बनाई इस सृष्टि में प्रवेश किया और वह इसके साथ ही एक से अनेक हुआ। इससे सृष्टि में प्राण आ गया और वनस्पतियाँ उत्पन्न हुईं, लेकिन अभी तक सृष्टि अचर थी। इसके बाद कीट, पतंग, जलचर, नभचर, उभयचर बने, तब अंत में मनुष्य की उत्पत्ति हुई।

यहाँ पर वनस्पति, जलचर, जानवर, कीट-पतंगे, सबकी उत्पत्ति उसी ईश्वर से बताई गई है, जिससे मनुष्य की भी उत्पत्ति हुई है। परमपिता ब्रह्मा की सभी संतानें हैं और सभी उनको प्रिय हैं, यहाँ तक कि पेड़, पौधे, पर्वत, नदी सभी को चेतन माना है और उद्विकास के क्रम में उनको भी विकासशील ही माना है। मनु ने कहा है कि जब ब्रह्मा ने अपनी बनाई सृष्टि में प्रवेश किया, तब सृष्टि में प्राण आया और वनस्पतियाँ उत्पन्न हुईं। यह एक साधारण सा दिखनेवाला वाक्य अपने में बहुत सी संभावनाएँ समेटे हुए है। इससे इंगित होता है कि वनस्पतियों में भी वह ही ब्रह्म चेतना है, जो हम में है। मनु आगे

कहते हैं कि जन्म-मरण के दुस्तर चक्र में पड़े, ये पेड़-पौधे भी अपने पूर्व कर्मों के कारण इस योनि में हैं (1:41-50)। हिंदू मानसिकता में गहरे गड़े हुए प्रकृति प्रेम का भी यही मूल है। ऐसा माना जाता रहा है कि प्रकृति प्रदत्त हर वस्तु या जीव मनुष्य के उपयोग के लिए है, उपभोग के लिए नहीं। हम प्रकृति से आवश्यकतानुसार ले सकते हैं, किंतु उसका दुरुपयोग नहीं कर सकते हैं, यह सोच ही आधुनिक विश्व के पर्यावरण संकट का उत्तर है।

पर्यावरण संरक्षण पर मनु के विचार देखकर आश्चर्य होता है कि जिस समय न तो इतनी जनसंख्या थी और न ही इतने उद्योग-धंधे और शहरीकरण था कि पर्यावरण का क्षरण चिंता की बात हो, तब भी मनु ने छोटी-से-छोटी बातों का ध्यान रखा है, यही बातें बताती हैं कि मनु कितने बड़े कालदृष्टा थे।

मनु केवल इतना ज्ञान देकर चुप नहीं होते हैं। उन्होंने पेड़, पौधों, वनस्पतियों को अलग-अलग श्रेणियों में बाँटा और उनकी उपयोगिता के अनुरूप उनकी महत्ता को माना। उसी के हिसाब से उनको नष्ट करनेवालों के लिए दंड तथा प्रायश्चित का विधान किया। जलाने के लिए हरा वृक्ष काटना मनु के अनुसार गंभीर अपराध था। उसके लिए विशेष प्रायश्चित था। जड़ी-बूटियों को उनकी प्रार्थना करके आवश्यकतानुसार तत्काल उपयोग के लिए लेने का विधान था, ऐसा न करने पर या औषधीय वनस्पतियों को हानि पहुँचाने पर दंड का भी विधान मनु ने किया है। फल-फूलवाले लता, वृक्ष, झाड़ी को नाश करने के लिए कठिन प्रायश्चित बताया गया है। इसको किसी कानून-व्यवस्था के मुद्दे की तरह यह नहीं माना है कि किसी और के औषधीय उद्यान से औषधि तोड़ लेने पर ही दंड और प्रायश्चित की बात आएगी। मनु ने अलग से कहा है कि औषधि स्वयं से उग आई हो या किसी ने उगाई हो, दोनों ही स्थितियों में उसको अनावश्यक हानि पहुँचाना अनैतिक है। पेड़-पौधों को हानि पहुँचानेवाले पर उसकी उपयोगिता के आधार पर ही दोषी का दंड निर्धारित किया जाता है (8:285, 11:63-65, 142-148)। उन्होंने नगर और ग्रामों की सीमा पर भी ऐसे पेड़ लगाने का निर्देश दिया है, जो छाया के साथ-साथ पर्यावरण के शुद्धिकरण का काम करते हैं (8:246-47)। इसके अलावा नगर

या गाँव बसाते समय उसके चारों तरफ निश्चित सीमा तक चारागाह और उसी के अनुपात में हरी पट्टी छोड़ना भी मनु आवश्यक बताते हैं (8:237)।

मनु ने जल के महत्त्व को भी समझा और उसके संरक्षण के उपाय किए थे। पानी की चोरी तो दंडनीय थी ही, इसके अतिरिक्त जलाशय या किसी प्रकृति निर्मित नदी, तालाब आदि को हानि पहुँचाने, पानी के प्रवाह को बाधित करने के लिए भी दंड का प्रावधान मनु ने किया है (9:227,281)। जल प्रदूषण भी मनु की दृष्टि में दंडनीय अपराध है। कुएँ-वापी के जल को चुराने को वे इतना बड़ा अपराध मानते हैं कि उसके प्रायश्चित के लिए चांद्रायण व्रत का विधान देते हैं। वे मार्ग को प्रदूषित करनेवाले को भी दंड देते हैं (1:282)। मनु ने ग्यारहवें अध्याय में अत्यंत विस्तारपूर्वक पशुओं की अकारण हत्या पर दंड के विषय में लिखा है। गैरइरादतन भी ऐसा करने पर दंड है, किंतु इरादतन हत्या से कम है। मनु ने मार्ग पर अथवा जल में मल-मूत्र विसर्जन का, थूकने का भी स्पष्ट निषेध किया है (4:48-56)।

परंतु विडंबना देखिए कि भारत में परंपरागत रूप से नदियों में केवल डुबकी लगाने का विधान और कपड़े धोने का निषेध होने के बावजूद भर-भरकर सीवर लाइन और औद्योगिक कचरा नदियों में खोलने के बाद आधुनिक पर्यावरणविदों द्वारा प्रदूषण के लिए नदी की पूजा के नाम पर चार फूल या मिट्टी की मूर्ति विसर्जित करनेवालों को भरपूर लज्जित किया गया, जबकि फूल और मिट्टी तो बायोग्रेडेबल होते हैं। जिस समाज में वृक्ष को पुत्र के समान माना जाता है और हरे वृक्ष को काटने का काम मनुष्य हत्या के समान जघन्य माना जाता हो, वहाँ औद्योगीकरण और शहरीकरण के नाम पर जंगल के जंगल काट दिए गए और दोष जनता के सिर धर दिया गया। पीपल, बरगद की पूजा करने और लगानेवाले देश में विकास के नाम पर युक्लिप्टस की भरमार कर दी और भूजल में कमी आने पर बताया कि भारत में लोगों को संसाधनों की कद्र नहीं है। आज भी मनु द्वारा प्रतिपादित प्राचीन भारतीय मूल्यों को ध्यान में रखते हुए पर्यावरण संबंधी नियम बनाए जाएँ तो इस प्रकार की समस्याओं को कम किया जा सकता है।

□

3

मनु की सामाजिक व्यवस्था

प्रसिद्ध फ्रेंच दार्शनिक मोंतेस्क्यु का कथन है कि समाज व्यक्तियों का समूह है, न कि व्यक्ति स्वयं है। समष्टि को व्यक्ति से ऊपर माननेवाले इसको समाज की व्यवस्था सुचारू और सुदृढ़ बनाने के लिए अनिवार्य मानते हैं। महाभारत में स्पष्ट कहा गया है कि परिवार के हित के लिए व्यक्ति, नगर के हित के लिए परिवार, राष्ट्र के हित के लिए नगर के हितों की उपेक्षा करनी चाहिए। मनु के सामाजिक दर्शन को पढ़ने और वर्तमान मूल्यों के आधार पर उसकी आलोचना करने से पहले ध्यान रखना होगा कि मनु भी इसी सोच पर चलने वाले थे। मनु के सामाजिक दर्शन में एक बात तो स्पष्ट है कि उनके लिए हर एक का व्यक्तिगत जीवन तपस्या होना चाहिए और सबका एकमात्र लक्ष्य सुदृढ़, नैतिक और धर्म पर आधारित व्यवस्था को सुचारू रूप से चलाते हुए मोक्ष की प्राप्ति होना चाहिए।

किसी भी समाज की संरचना की नींव या आधार उस समाज में विकसित हुई सामाजिक संस्थाएँ हैं। अलग-अलग समाजों की उन्नतशीलता अलग-अलग होती है तथा उसी अनुपात में उनकी संस्थाओं के रूप तथा संख्या में भी अंतर होता है। किसी समाज की विशिष्ट परिस्थितियों के अनुरूप ही उसमें कुछ विशिष्ट संस्थाएँ भी होती हैं, जो अन्यत्र नहीं पाई जाती हैं। भारतीय समाज में भी कुछ ऐसी विशिष्ट सामाजिक संस्थाएँ विद्यमान हैं, जो भारतीय समाज की संरचना को दृढ़ बनाने में अपना योगदान देती हैं। इन सभी प्रमुख संस्थाओं जैसे विवाह, परिवार आदि का विवरण मुख्य रूप से तीन प्रमुख

व्यवस्थाओं में मिल जाता है। भारतीय सामाजिक संरचना की आधारभूत ये व्यवस्थाएँ वर्ण-व्यवस्था, आश्रम-व्यवस्था तथा यज्ञ-व्यवस्था हैं। भारतीय समाज को परिभाषित करनेवाली संकल्पना 'वर्णाश्रम' को समझना किसी भी ऐसे व्यक्ति के लिए संभव नहीं है, जो भारतीय संस्कृति से परिचित न हो। कम-से-कम उसका भारतीय संस्कृति और दर्शन के प्रति पूर्वाग्रहरहित होना आवश्यक ही है, अन्यथा इसे समझने में जो गलतियाँ मैगस्थनीज ने की थीं, विदेशी मेधा के खाद-पानी से पनपे भारतीय विद्वान् आज भी यही कर रहे हैं।

श्री अरविंद 'फाउंडेशन ऑफ इंडियन कल्चर' में कहते हैं कि प्राचीन ऋषियों का काम केवल ईश्वर को जानना ही नहीं था। उनका कार्य इस संसार और जीवन को जानना भी था और उस ज्ञान को इस रूप में ले आना भी था कि उसे अच्छी तरह समझा जा सके, जिससे उस ज्ञान को मनुष्य की तर्कशीलता और इच्छा के बल पर संसार तथा जीवन में लागू किया जा सके। उनके इस प्रयास का ही परिणाम शास्त्र हैं। श्री अरविंद के ये शब्द मनु—जैसे ऋषियों द्वारा समाज व्यवस्था के नियमों को प्रतिपादित करने के महत्त्व और आवश्यकता को इंगित करते हैं।

धर्मशास्त्रों में वर्ण, आश्रम तथा यज्ञ—इन तीनों व्यवस्थाओं के बाह्य स्वरूप का वर्णन है। इसमें कर्मकांडों का विधान है और वर्णाश्रम संबंधी नियमों का वर्णन है।

इनमें से आश्रम तथा वर्ण व्यवस्थाएँ स्थूल रूप से व्यक्ति के सांगोपांग जीवन के नियमों, उपनियमों, व्यवहार के मानदंडों तथा मूल्यों का निर्धारण करती हैं। वर्ण-व्यवस्था व्यक्ति के समाज के साथ व्यवहार को नियंत्रित करती है, जबकि आश्रम-व्यवस्था व्यक्ति के निजी जीवन को नियंत्रित करती है। यज्ञ-व्यवस्था इन दोनों से अलग व्यक्ति के समाज तथा स्वयं के प्रति कर्तव्यों को अमूर्त रूप में वर्णित करती है। यज्ञ-व्यवस्था समाज के प्रति कर्तव्यों को आदेशात्मक रूप से नियमों-उपनियमों में नहीं बाँधती, अपितु इनके प्रति व्यक्ति का एक स्वस्थ दृष्टिकोण निर्मित करती है और नैतिक रूप से उसे उनका पालन करने हेतु बाध्य करती है। इस दृष्टि से यज्ञ-व्यवस्था

समाज के प्रति कर्तव्यों के विषय में सचेत बनाने के संदर्भ में अधिक प्रभावी है। मनु के संदर्भ में हम वर्ण तथा आश्रम व्यवस्थाओं पर चर्चा करेंगे।

(क) वर्ण-व्यवस्था : किसी भी समाज के सभी सदस्य एक समान नहीं होते हैं। भिन्न-भिन्न वैयक्तिक योग्यताओं के अनुरूप समाज के प्रति उनकी राय भी भिन्न-भिन्न होती है। समाज के प्रति निभाए जा रहे कर्तव्यों की प्राथमिकता के अनुरूप ही उन्हें प्राप्त होनेवाले पुरस्करण में भी अंतर होता है। इसी के आधार पर समाज में उनकी प्रस्थिति (STATUS) तथा भूमिका का निर्धारण होता है। यह ही समाज में उनकी भिन्न-भिन्न आर्थिक तथा सामाजिक स्थितियों को प्रकट करता है। समाज के सदस्यों की आर्थिक-सामाजिक स्थितियों में पाया जानेवाला यह अधिक्रम ही स्थूल रूप से सामाजिक संस्तरण है। मनु के समय में यह संस्तरण वर्ण-व्यवस्था के रूप में पाया जाता था, इसमें जो बात समझने की है, वह यह है कि मार्क्स के वर्ग के विपरीत मनु का संस्तरण संघर्ष पर नहीं अपितु सामंजस्य पर आधारित है। मार्क्स के विपरीत मनु की व्यवस्था में समाज लालच नहीं, त्याग पर आधारित है। यह मनु का ही प्रभाव है कि लाख कोशिशों के बाद भी भारत में कभी भी वामपंथ पनप नहीं सका। दूसरी ओर यह व्यवस्था त्याग पर आधारित थी, इसीलिए यहाँ कभी भी पूँजीवाद भी पूर्ण रूप से स्थापित नहीं हो सका।

गुण-कर्म पर आधारित संस्तरण की सार्वभौमता : गुण कर्म के विभाग द्वारा चार वर्ण में बँटे हुए समाज में असमानता और भेदभाव को ढूँढ़ने की भूल करनेवाले तथाकथित विद्वान् यह अनदेखा कर देते हैं कि विश्व की बहुत सी विकसित संस्कृतियों में ऐसा बँटवारा मिलता है। वे निरर्थक ही भारत और भारतीय संस्कृति के मूलों को निशाना बनाते रहते हैं। हीगल ने भी समाज के पुजारी, व्यापारी, योद्धा, श्रमिक, समाज के इन चार भागों में बँटे होने की बात की है। प्राचीन यूनान तथा ईरान में भी यह वर्गीकरण देखने को मिलता है। ईरान में भारत के समान ही धार्मिक के साथ-साथ आध्यात्मिक तथा मिस्टिक परंपरा दृढ़ थी, वहाँ पर प्रारंभ में पवित्र धागा धारण करने की पात्रता तीन ही वर्गों को थी। बाद में जब चतुर्थ वर्ण को, जोराष्ट्रियन धर्म में शामिल करने

की बात हुई, तो उन्हें भी पवित्र धागा धारण करने का अधिकार दिया गया। यह कुछ वैसी ही बात है, जैसे मनु ने शूद्रों को भी वैदिक कर्मकांड करने की अनुमति दी है, किंतु बिना वेदमंत्रों के उच्चारण के। इस निषेध का कारण भी शूद्रों को नीचा दिखाना नहीं, बल्कि उनके विशिष्ट व्यवसाय के कारण उन्हें वेदों के अध्ययन का समय न मिलना था। जहाँ तक वर्णों के बीच में रोटी–बेटी के संबंध के अभाव को लेकर हल्ला उठाने की बात है, आज भी यूरोप में राजवंशों में आपस में ही विवाह होते हैं और यदि कोई इसे न माने तो वह अत्यंत ही अश्लाध्य होता है। अमेरिका जैसे आधुनिक समाज में जहाँ ऐसे समूहों का कोई आर्थिक–व्यावहारिक लाभ नहीं होता है, वहाँ अभी कुछ समय पहले तक बाहर से आए वे परिवार, जो अभी भी अमिश्रित हैं, स्वयं को श्रेष्ठ मानते रहे हैं और आपस में ही विवाह संबंध करते रहे हैं। स्पेनी तथा मैक्सिकन समाज में मिश्र विवाह वाले प्राचीन भारत के वर्णसंकर जैसा दर्जा रखते थे। जिन ब्राह्मणों के ऊपर धर्म, सभ्यता और संस्कृति को सही रूप में बचाकर अगली पीढ़ी तक पहुँचाने का उत्तरदायित्व था, उन्हें कृषि या अन्य कोई व्यवसाय करने की अनुमति नहीं थी। उनको धन या किसी अन्य प्रकार से संपत्ति रखने की भी मनाही थी। उनको दान देकर उनके भरण–पोषण का उत्तरदायित्व समाज के अन्य सदस्यों पर था। श्रेष्ठ जातियों में से गिने जानेवाले यहूदियों में भी इसी प्रकार लेवी वंश था। यहूदियों के परम पवित्र वाचा संदूक और मिलापवाले तंबू की निगरानी और देखभाल का काम लेवी वंश के पास था और ब्राह्मणों के समान उनको भी भूमि धारण की अनुमति नहीं होती थी। इसीलिए हर यहूदी अपनी फसल और संपत्ति का दशमांश उनको देता था।

सामाजिक संस्तरण के कई रूप हैं, जैसे वर्ण–व्यवस्था, वर्ग–व्यवस्था, जाति–व्यवस्था, सामंती–व्यवस्था आदि। सामाजिक संस्तरण अपने इन विभिन्न रूपों में संसार के प्रत्येक समाज में पाया जाता है। भारत में यह वर्ण या जाति के रूप में पाया जाता है। वस्तुत: इनका शुद्ध रूप एकमात्र भारतीय समाज में ही पाया जाता है। संस्तरण की अनिवार्य तथा अपरिहार्य प्रघटना

को प्राचीन भारतीय सामाजिक चिंतकों ने समाज के लिए लाभप्रद रूप में व्यवस्थित करने का प्रयास किया। उन्होंने एक ऐसी व्यवस्था के निर्माण का प्रयास किया, जिसमें संस्तरणजन्य बुराइयाँ कम-से-कम हों तथा समाज के प्रत्येक सदस्य की क्षमता का समाज के हित में अधिक-से-अधिक उपयोग हो सके। इस व्यवस्था की वैज्ञानिकता की प्रशंसा सोरोकिन, जैसे महान् पाश्चात्य समाजशास्त्री भी करते हैं। गांधी ने तो इस व्यवस्था को न केवल हिंदू समाज, अपितु संपूर्ण मानव-जाति के लिए कल्पाणकारी बताया है।

वर्ण-व्यवस्था समाज के लिए अत्यंत उपयोगी है, ऐसा जानकर प्राचीन भारतीय सामाजिक नीतिनियंताओं ने इसके पालन में बाध्यता की आवश्यकता अनुभव की तथा समाज के अधिसंख्यक औसत बुद्धि के सदस्यों द्वारा, जिन्हें तर्क द्वारा नहीं समझाया जा सकता था, इसका पालन कराने के लिए इसे धर्म से जोड़ दिया।

वर्ण का अर्थ : 'वर्ण' शब्द का अर्थ 'प्रकार' होता है और रंग भी होता है। सर्वप्रथम इस शब्द का उपयोग ऋग्वेद में रंग या प्रकाश के अर्थ में हुआ था। बहुत प्राचीनकाल में दो ही वर्ण होते थे, उदाहरण के लिए तैत्तिरीय ब्राह्मण में दैवी तथा असूर्य—इस प्रकार के दो वर्णों का उल्लेख मिलता है। कालांतर में वृहत् हिंदू समाज में व्याप्त संस्तरण व्यवस्था को इंगित करने के लिए इस शब्द का प्रयोग होने लगा। मनु ने 'वर्ण' शब्द इस ही अर्थ में प्रयुक्त किया है। संस्तरण के संदर्भ में वर्ण शब्द को रंग का द्योतक मानना एक बड़ी भूल है। वर्ण शब्द का एक अर्थ श्रेणी भी होता है और वर्ण-व्यवस्था के संदर्भ में इसका अर्थ यह ही है। वेदों में स्पष्ट पता चलता है कि भारत में संस्तरण का आधार त्वचा का रंग नहीं था। शूद्र तो एक ही बात है, पाश्चात्य रंग भेद में रंगे तथाकथित विद्वान् देव-दानव युद्ध को भी रंग भेद, आर्य-अनार्य, मूल निवासी-बाहरी के खाँचे में फिट करते हुए इस तथ्य को नजरअंदाज कर देते हैं कि देव और दानव दोनों ही ब्रह्मा के पुत्र कश्यप की दो पत्नियों—दिति और अदिति की संतान थे और दिति व अदिति दोनों सगी बहनें दक्ष प्रजापति की पुत्रियाँ थीं। राम और रावण के युद्ध को दो संस्कृतियों का युद्ध बतानेवाले

यह तथ्य छुपा जाते हैं कि ब्राह्मण, संस्कृत का ज्ञाता रावण पुलत्स्य ऋषि का नाती, विश्रवा ऋषि का पुत्र और कुबेर देवता का सौतेला भाई भी था। तथाकथित विदेशी आर्यों के देवी-देवता, कृष्ण-राम का वर्ण श्याम था। अनिंद्य सुंदरी द्वापर युग की द्रौपदी भी कृष्ण वर्ण की थीं। वहीं मूल नागरिकों के देवता माने जानेवाले भगवान् शिव कपूर के समान गौर वर्ण हैं। स्पष्ट है कि वर्ण का आधार रंग बताने का प्रयास भी शरारती मानसिकता से किया हुआ द्वेषपूर्ण कृत्य है। रंग भेद भारतीय संस्कृति का भाग कभी नहीं रहा है।

प्राचीन भारतीय सामाजिक चिंतकों ने वर्ण-व्यवस्था की उत्पत्ति को मिथकीय रूप दे दिया है। वर्ण-विभाजन के आरंभ को लेकर दो प्रमुख उद्धरण मिलते हैं। एक तो पुरुष सूक्त में कालपुरुष के शरीर के विभिन्न भागों से चारों वर्णों की उत्पत्ति बताई गई है, महाभारत के शांतिपर्व में भी इस प्रकार का दृष्टांत मिलता है। दूसरा, गीता में भगवान् के मुख से कहा गया वचन है, जहाँ वह कह रहे हैं कि चारों वर्णों की उत्पत्ति उनके द्वारा गुण और कर्म के आधार पर हुई है। मनु ने भी इसी रूपक का प्रयोग किया है। इस आधार पर मनु को असंख्यों बार दोष लगाया गया है कि इस रूपक के द्वारा उन्होंने शूद्रों का अपमान किया है। देखा जाए तो लेटे हुए कालपुरुष से निकले वर्णों का यह बँटवारा ऊर्ध्वाधर न होकर क्षैतिज है, जिसमें सभी भिन्न तो हैं, किंतु निश्चित रूप से ऊँचे-नीचे नहीं हैं। इसी की पुष्टि अनेकानेक ग्रंथों में की गई है। बृहदारण्यकोपनिषद (14.11.15) में वर्णन दिया गया है कि किस प्रकार सृष्टि के आरंभ में केवल एक ही वर्ण था और केवल ब्रह्मा ही थे। उन्होंने अन्य देवों की रचना की, जिन्होंने वीरता, वणिकता एवं सेवा के गुण धारण किए। ये जो वर्गीकरण उस समय देवताओं में था, उसी से यह संसार बना। महाभारत (शांतिपर्व) में भी इसी प्रकार कहा गया है कि सृष्टि के प्रारंभ में सतयुग में केवल एक ही वर्ण था, जो कि ब्राह्मण था और वह ही अनेकानेक कर्म करते हुए कई वर्णों में विभाजित हुआ और उस समय वर्णों का निर्धारण उनके द्वारा प्रदर्शित प्रवृत्तियों के आधार पर हुआ था (1.93)। इसी से यह भ्रम चला कि ब्राह्मण स्वाभाविक रूप से सृष्टि में सबसे प्रमुख माना गया है

और ब्रह्मा के मुख से निकला है, क्योंकि वह सर्वप्रथम उत्पन्न हुआ था और वह वेदों का धारक था। यहाँ पर फिर से एक बात दोहराने योग्य है कि जिसने स्वयं को मुख से निकला बताया, उसने वेदपाठ का अधिकार ले लिया, ऐसा नहीं है, जो वेदपाठ में सक्षम था, उसको मुख से निकला बताया गया।

शूद्रों और वैश्यों का महत्त्व : पुरुष सूक्त के वचन को ही मनु आदि अन्य शास्त्रकारों ने दोहराया है, जिसमें दो बातें ध्यातव्य हैं, जिसकी कि प्राच्य के उत्साही आलोचक उपेक्षा कर जाते हैं। प्रथम तो जिस कालपुरुष से वर्णों को अहम बताया जा रहा है, वह लेटा हुआ दिखाया जा रहा है। उसके अंगों में न कोई ऊपर और न कोई नीचे है। वस्तुत: बोलनेवाले और रक्षा करनेवाले अंग ही महत्त्वपूर्ण नहीं हैं। जिस प्रकार शरीर को आधार पैर तथा शरीर का मध्य भाग देता है और पूरे शरीर को थामे रखने का काम करता है, उसी प्रकार वैश्य तथा शूद्र समाज के ढाँचे को खड़ा रखते हैं। बिना पैरों के शरीर अचल और अरक्षणीय हो जाता है। यदि मानव शरीर की उपमा को पूर्णरूप से देखें तो बहुत से संघर्ष मिट सकते हैं। शरीर के हर भाग को क्रिया करने की प्रेरणा मस्तिष्क या सिर से ही मिलती है, मस्तिष्क से चलनेवाले विद्युत प्रवाह के आधार पर ही अन्य अंग काम करते हैं, किंतु यदि शरीर के सभी अंग सही-सलामत न हों तो मस्तिष्क प्रेरणा का क्या करेगा? यदि मस्तिष्क प्रेरणा न दे तो पैर खतरे से दूर भाग नहीं पाएँगे, उसी प्रकार अगर मस्तिष्क प्रेरणा देता भी रहे और पैर चलने से इनकार कर दें तो पैर स्वयं तो नष्ट होंगे ही, सिर और मस्तिष्क भी नहीं बचेंगे। यदि पैर जलते हैं तो इसकी सूचना मस्तिष्क तक पहुँचती है, तब वह पैरों की नसों और पेशियों को संदेश देता है कि यह परिस्थिति खतरनाक है, यहाँ से हट जाना चाहिए और पैर स्वयं वहाँ से हट जाते हैं। एक और बात है, जिसकी पुष्टि आधुनिक विज्ञान भी करता है, शरीर में यह प्रवृत्ति होती है कि शरीर में भोजन के घोर अभाव की स्थिति में शरीर जिलाए रखने के लिए ईंधन के जिस सुरक्षित भंडार की आवश्यकता होती है, उस वसा को शरीर मध्य भाग में ही बचाकर रखता है। संकट के समय शरीर उसी से काम चलाता है, वही स्थान समाज में वैश्यों का होता है। अनेक

उदाहरण ऐसे मिलते हैं, जब संकट के समय समाज के कल्याण के लिए वैश्यों ने अपने कोष खोल दिए। सामान्य समय में भी उनके द्वारा बनवाए या उनके द्वारा आर्थिक सहायता प्राप्त धर्मार्थ विद्यालय, धर्मशाला, चिकित्सालय आदि चलते हैं, अतः उन्हें जंघाओं से उत्पन्न कहा गया है। बताने, पढ़ाने, सोचने, समाज को दिशा-निर्देश देनेवालों को मुख से उत्पन्न बताने में किसी अतिरिक्त श्रेष्ठता या विशेषाधिकार की भावना का कोई स्थान नहीं है, क्योंकि शरीर में यह सारे काम सिर ही करता है। यदि कालपुरुष की इस संकल्पना को शरीर विज्ञान को ध्यान में रखकर तटस्थ भाव से देखा जाए तो यह समाज को जोड़नेवाली संकल्पना है, तोड़नेवाली नहीं। यह वह व्यवस्था है जिसमें सभी को बराबर महत्त्व दिया गया है।

यह कहना कि उच्च वर्ण वालों ने अपने लिए प्रतिष्ठित व्यवसाय चुने और शूद्रों को सेवा का कार्य दिया; अत्यंत हास्यास्पद एवं बालसुलभ है। इससे तो ऐसा लगता है, मानो एक दिन समाज के कुछ शक्तिशाली सदस्यों ने अचानक खड़े होकर कहा कि आज से हम समाज को चार वर्णों में बाँटते हैं, हम सर्वाधिक शक्तिशाली हैं, अतः हम ही ब्राह्मण बनेंगे और पढ़ने-पढ़ाने का काम सबसे सरल है, अतः हम ही यह काम करेंगे और भीख माँगने (ब्राह्मण जो दान लेते थे, वह भीख माँगने के बराबर नहीं है, किंतु मनु और उनकी व्यवस्था के आलोचक ऐसा ही कहते हैं) में तो बड़े ही मजे हैं, इसलिए हम ऐसा ही करेंगे। जबकि हुआ इसका उलटा, समय के साथ समाज में उपयोगिता के आधार पर समूह बनते गए, यहाँ पर फिर यह कहना होगा कि यह समूह क्षैतिज तथा प्राकृतिक थे। बाद में समाज को संरचना एवं व्यवस्था देने के लिए इन्हें औपचारिक रूप देकर वर्गों में बाँटा गया है।

महाभारत मानव धर्मशास्त्र के लगभग समकालीन है, अतः इसको समझने के लिए महाभारत को देखना आवश्यक हो जाता है। गीता में भगवान् श्रीकृष्ण इसे स्वयं से, अर्थात् परब्रह्म से उत्पन्न मानते हैं। इस संकल्पना के दो पक्ष हैं—प्रथम तो यह कि वर्ण अथवा संस्तरण या असमानता स्वयं परब्रह्मजन्य है अथवा प्रकृतिजन्य है, अतः यह समाज में अनिवार्य रूप से

उपस्थित रहेगा। दूसरे वर्ण-व्यवस्था का स्थूल रूप ब्राह्मण, क्षत्रिय, वैश्य तथा शूद्र इन चार वर्णों में समाज के विभाजन की देन है।

वर्ण-व्यवस्था का आधार कर्म : वर्ण की व्यवस्था को इस तरह भी समझ सकते हैं—कामगार या साज-समान बनानेवाले; व्यापारी या उन सामानों को लोगों तक पहुँचानेवाले; प्रशासन में काम करनेवाले, लोक-सेवक, शासनाधिकारी, राज्य कर्मचारी, योद्धा जिनका कार्य आंतरिक सुरक्षा और व्यवस्था के साथ बाह्य आक्रमणों से रक्षा है; और अंत में अध्यापक, पुजारी, उपदेशक और मंत्रणा देनेवाले। इसमें प्रकार्यगत एकता, आपसी निर्भरता तथा अपने विशिष्ट समूह के अंतर्संबंध व्यक्तियों की मानसिक उन्नति, ये सब मिलकर धर्म की उत्पत्ति करते थे। यह व्यक्ति तथा समूहों के हितों का सामंजस्य, सद्भाव, एकात्मकता, समायोजन को समग्र सामाजिक व्यवस्था के स्वतः उत्पन्न, समग्र, एकीकृत, गत्यात्मक संचरण में बदल देती है।

वर्ण-व्यवस्था का आधार गुण : इसी का अगला भाग गुणों के आधार पर वर्ण निर्धारण की बात करता है, पुनः हम कृष्ण के शब्द दोहरा सकते हैं—चातुर्वर्ण्यम सृष्टं मया गुणकर्म विभागशः। तीनों गुण—सत, रज, तथा तम प्रथम तीन पुरुषार्थों से जुड़े हैं, धर्म की साधना सतोगुण से, अर्थ की रज से और काम की तमोगुण से मानी जाती है। सतो गुण से प्रेरित व्यक्ति ज्ञान, रजो गुण से प्रेरित व्यक्ति सत्ता या धन आदि, तमो गुण से प्रेरित व्यक्ति कामनाओं की पूर्ति तथा इंद्रिय सुख की प्राप्ति में लगे रहते हैं। भारतीय दर्शन के प्रारंभिक विद्यार्थी गुण को अभिवृत्ति के कांसेप्ट से समझ सकते हैं। गुण की उपस्थिति पूर्व कर्मों तथा संस्कारों से होती है तथा उसी आधार पर उसका वर्तमान जीवन निर्धारित होता है, जब यह कहा जाता है कि इस जन्म में व्यक्ति अपने वर्ण धर्म का ठीक से पालन करके अगले जन्म में उच्चतर वर्ण में जा सकता है, तब गुणों के परिष्कार की ही बात होती है। प्राचीन भारत में इस प्रकार की गुर्ण-कर्म पर आधारित उन्नत सामाजिक संस्तरण व्यवस्था होने के अनेक प्रमाण मिलते हैं। महाभारत के एक प्रमुख पात्र द्रोणाचार्य इसके उदाहरण हैं। द्रोणाचार्य ने ब्राह्मण होते हुए भी क्षत्रिय-वृत्ति को अपनाया तथा न केवल

शस्त्र-विद्या में निपुणता ही प्राप्त की, अपितु उसे ही अपने जीवन-निर्वाह का साधन बनाया तथा अपने आश्रयदाता राजा की ओर से युद्ध भी किया। वेदों में भी इस प्रकार के उदाहरण मिलते हैं। ऋग्वेद के एक मंत्र में ऋषि कहता है, "मैं स्तुतिकर्ता हूँ, मेरे पिता वैद्य हैं, मेरी माँ चक्कियों में आटा पीसती है। हम लोग विविध क्रियाओं द्वारा धनोपार्जन करना चाहते हैं।" इस उदाहरण से यह सिद्ध होता है कि तत्कालीन वर्ण-व्यवस्था वंशगत कट्टरता से मुक्त कर्म पर आधारित व्यवस्था थी। मानव धर्मशास्त्र के लगभग समकालीन वाल्मीकि द्वारा रचित ग्रंथ रामायण में एक अत्यंत लोकप्रिय प्रसंग आता है। अयोध्या के नरेश दशरथ ने श्रवण कुमार नाम के एक व्यक्ति का गलती से वध कर दिया, उसके पिता ने पुत्र शोक में प्राण त्याग दिए और मृत्यु के ठीक पहले दशरथ को शाप दिया कि जिस प्रकार मैंने अपने पुत्र के वियोग में तड़प-तड़पकर अपने प्राण दिए हैं, उसी प्रकार तुम भी अपने पुत्र के वियोग में तड़प-तड़पकर मरोगे। राम वनवास के समय वह शाप ही फलीभूत हुआ और राम के वियोग में दशरथ के प्राण निकल गए। वाल्मीकि रामायण के इस प्रसंग में से सबसे महत्त्वपूर्ण और पूर्णतया उपेक्षित तथ्य महाराज दशरथ द्वारा गलती से मारे गए श्रवण कुमार का वैश्य पिता और शूद्र माता की संतान होना है। वाल्मीकिजी ने श्रवण को 'मुनिपुत्र' लिखा है और श्रवण के पिता के लिए दशरथ के मुख से 'पूज्यपाद महर्षि' और 'महातेजस्वी मुनि' शब्द कहलवाए हैं। विशेष बात ये है कि वाल्मीकि ने यह भी लिखा है कि श्रवण अपने वैश्य पिता और शूद्र माता को पुराण एवं अन्य शास्त्रों का पाठ करके सुनाते थे।

मोक्ष के अधिकारी चारों वर्ण : एक और बात है, जिसे बहुधा संज्ञान में नहीं लिया जाता है। निवृत्तिपरक सनातन दर्शन में 'मोक्ष' को किसी भी वर्ण के लिए अप्राप्य नहीं कहा गया है। त्रिगुणातीत मोक्ष का अधिकारी किसी भी वर्ग का व्यक्ति हो सकता है।

वर्ण और जाति : वर्ण संख्या में चार माने गए हैं और अधिक्रमानुसार जिनके नाम ब्राह्मण, क्षत्रिय, वैश्य तथा शूद्र हैं। यह सर्वमान्य है, जातियाँ कई हो सकती हैं, किंतु वर्ण चार ही हैं। वर्ण और जाति में बहुत अंतर है, सच तो

यह है कि जाति, वर्ण का बहुत बिगड़ा हुआ रूप है, यद्यपि आज जाति की उपयोगिता राजनीतिक लाभ और आरक्षण के अतिरिक्त कुछ और नहीं रह गई है, फिर भी हम जाति के घोरतम रूप की वर्ण के साथ तुलना करेंगे।

वर्ण-व्यवस्था के वर्तमान रूप जाति-व्यवस्था में सबसे बड़ा दुर्गुण इसका बंद-व्यवस्था होना माना जाता है। बंद-व्यवस्था होने का अर्थ यह है कि कोई भी व्यक्ति किसी भी जाति का सदस्य जन्म के आधार पर ही हो सकता है तथा किसी भी परिस्थिति में उसकी जाति में परिवर्तन नहीं हो सकता है। व्यक्ति में कैसी भी अथवा कितनी ही योग्यता क्यों न हो, करना तो उसे वह कार्य ही पड़ता है, जो उसकी जाति के लिए निर्धारित हो। इसका दुष्परिणाम यह होता है कि व्यक्ति की क्षमताओं का सही उपयोग नहीं हो पाता है। इससे समाज की हानि होने के साथ-साथ उस व्यक्ति में भी कुंठा उत्पन्न होती है, परंतु वर्ण-व्यवस्था में इस प्रकार का कठोर बंधन नहीं होता है। प्राचीन वर्ण-व्यवस्था जन्म पर आधारित होकर भी गुणों तथा कर्म को महत्त्व देती थी। स्वयं श्रीकृष्ण ने गीता में कहा है कि चारों वर्णों की सृष्टि उनके द्वारा गुण तथा कर्म के आधार पर की गई थी।

वर्ण के अनुरूप गुण : वर्ण-विभाजन का एक आधार गुण को माना गया है। चारों वर्णों के निर्धारित कर्म तो अलग-अलग होते ही थे, साथ ही उनके गुण या वृत्तियाँ भी अलग-अलग बताई गई हैं। ब्राह्मणों का प्रमुख कर्म अध्ययन, यज्ञ आदि हैं। क्षत्रिय के प्रमुख कर्तव्य वेदाध्ययन, शासन तथा यश आदि हैं। वैश्य के प्रमुख कर्तव्य वाणिज्य, पशुपालन तथा कृषि हैं। शूद्र की सहज स्वाभाविक वृत्ति विनम्रता होनी चाहिए तथा उसके कर्तव्य द्विज जातियों, अर्थात् ब्राह्मण, क्षत्रिय तथा वैश्य की सेवा, कला, शिल्प, उत्पादन हैं। कर्मों के आधार पर ही इन वर्णों के विशिष्ट गुण, वृत्तियाँ अथवा लक्षण माने गए हैं। कर्तव्यों के अनुरूप ही ब्राह्मणों की स्वाभाविक वृत्ति भी शम, दम, शौच, क्षमा, तप, आस्तिकता तथा शास्त्रज्ञान में होनी चाहिए। क्षत्रिय अपने वर्ण धर्म का पालन भली-भाँति कर सकें, इसके लिए उसकी वृत्ति शौर्य, तेज, धैर्य, चतुरता, अपलायन, दान तथा प्रजापालन में होनी चाहिए।

वर्ण-व्यवस्था में सत्ता का विकेंद्रीकरण : वर्ण-व्यवस्था का एक अन्य विशिष्ट गुण अधिक्रम माना गया है। चारों वर्णों में से ब्राह्मणों का शीर्षस्थ स्थान होता है, उसके बाद क्रमशः क्षत्रियों, वैश्यों तथा शूद्रों का होता है, परंतु इस स्थूल अधिक्रम के पश्चात् समाज में अधिकार वितरण इस प्रकार से किया गया था कि कभी भी सत्ता का केंद्रीकरण न हो सके। समाज में शक्ति के तीन प्रमुख आधार होते हैं—जनसमर्थन एवं आदर, राजनीतिक सत्ता तथा धन। जब समाज के किसी एक ही भाग का इनमें से एकाधिक पर अधिकार हो जाता है तो उसके निरंकुश होने की संभावना बढ़ जाती है, अतः समाज के लिए कल्पाणकारी यह ही है कि शक्ति के ये तीनों आधार समानांतर रूप से विकसित हों तथा शक्ति का केंद्रीकरण न हो सके।

शक्ति के विकेंद्रीकरण के लिए ब्राह्मणों को समाज में शीर्षस्थ स्थान देने के बाद भी वर्ण-व्यवस्था के अंतर्गत इस प्रकार का संतुलन स्थापित किया गया था कि वे अपने महत्त्व का अनुचित लाभ न उठा सकें। विद्वान्, अध्यापक तथा धर्मज्ञ होने के कारण ब्राह्मणों को सर्वपूज्य माना गया तथा उन्हें जनसमर्थन प्राप्त था, परंतु उन्हें शासन तथा धन के संग्रह एवं भोग का अधिकार नहीं होता था। यह अधिकार तो क्रमशः क्षत्रियों एवं वैश्यों का ही रहा है। दूसरी ओर ब्राह्मणों को यदि जनसमर्थन की शक्ति प्राप्त थी तो उन्हें इसका कुछ मूल्य भी देना होता था। यदि उन्हें दान, अज्येता (कष्ट न देना) तथा अवध्यता का विशेषाधिकार प्राप्त था तो उनमें पवित्र पैतृकता, पवित्र आचरण, यश तथा लोकशिक्षण के गुण भी होने आवश्यक थे। इन गुणों से हीन व्यक्ति मात्र जन्म के आधार पर ब्राह्मणों वाले विशेषाधिकार नहीं प्राप्त कर सकता था।

इसी प्रकार क्षत्रिय भी राजनीतिक शक्ति के ही केंद्र हो सकते थे, परंतु तप तथा विद्या के कारण धार्मिक तथा सामाजिक क्षेत्र में प्रभावशाली होने से ब्राह्मण उन पर अंकुश रखते थे। महाभारत में भीष्म, मनु के दो श्लोकों को उद्धृत करते हुए कहते हैं—"जल से अग्नि, ब्राह्मण से क्षत्रिय और पत्थर से लोहा पैदा हुआ है, इससे उनका तेज सभी स्थानों में पूर्ण होने पर भी सयोनि में

शांत हो जाता है। जिस समय लोहा पत्यर को विदीर्ण करता है, उस समय वे शीघ्र ही तेजभ्रष्ट होकर नष्ट हो जाते हैं।" समाज के लिए सर्वाधिक भयंकर सत्ताधीश की निरंकुशता होती है, अतः क्षत्रियों को नियंत्रित करने के लिए समाज में ब्राह्मणों को विशिष्ट स्थान दिया गया। इसी प्रकार धनपति या धन का केंद्र तो सदैव वैश्य ही होते हैं, किंतु धन के मद में वे मनमानी न कर सकें, इसके लिए उन्हें कभी भी सत्ता का अधिकारी नहीं बनाया गया। शूद्रों का स्थान निम्नतम होने पर भी उन्हें तत्कालीन समाज में मान्यता प्राप्त मनुष्य के चरमलक्ष्य ईश्वर प्राप्ति से वंचित नहीं किया गया था और साथ ही उनको बहुत से बाध्यकारी नियमों से मुक्त रखा गया और समान अपराधों के लिए बाकी वर्णों से कम दंड का प्रावधान था।

ब्राह्मण तथा क्षत्रिय समाज के दो प्रमुख वर्ग होते हैं। इनकी क्षमता परस्पर शक्ति संतुलन में ही व्यर्थ न हो जाए, अपितु सामंजस्यपूर्वक इसका उपयोग संपूर्ण समाज के कल्पाण के लिए हो सके, इसके लिए आवश्यक है कि इनमें परस्पर सौहार्द तथा आदर का भाव रहे। इसके लिए इनमें परस्पर आदर तथा सम्मान का आदर्श उपस्थित किया गया। महाभारतकार का कथन है—'क्षत्रिय और ब्राह्मण सदा मिलकर रहें तो ही एक-दूसरे की रक्षा कर सकते हैं। ब्राह्मण का आधार क्षत्रिय है और क्षत्रिय का सहारा ब्राह्मण है। वे दोनों सदा परस्पर एक-दूसरे की रक्षा करते हुए महत् धन और प्रतिष्ठा प्राप्त करते हैं, परंतु यदि किसी प्रकार से उनकी यह प्राचीन मैत्री भंग हो जाती है तो सारा जगत् किंकर्तव्यविमूढ़ हो जाता है।'

वर्ण-व्यवस्था पर आरोप : जैसा कि पिछले पृष्ठों में उल्लेख है कि किस प्रकार विदेशी विद्वानों ने भारतीय समाज को तोड़ने की मंशा से भारतीय संस्कृति और समाज के आधारभूत ग्रंथों को पढ़कर उसका अर्थ का अनर्थ किया था। इसी क्रम में मनु पर ब्राह्मणों के प्रति पक्षपाती और शूद्रों का विरोधी होने का भीषण आरोप लगाया जाता रहा है और उसी को आधार बनाकर भारतीय समाज को विखंडित करने की सतत चेष्टा होती रही है। मार्क्स का एक प्रसिद्ध कथन है कि उसने हीगल के दर्शन को सिर के बल से उतारकर

पैरों के बल खड़ा करके द्वंद्वात्मक भौतिकवाद की रचना की थी, इसी की तर्ज पर मेरा यह मानना है कि पश्चिम की विद्वत्ता को भारतीय दर्शन तथा सामाजिक संरचना को समझना है तो उसे पाँवों की बजाय सिर के बल खड़ा होना पड़ेगा।

आज अगर विश्व के सौ श्रेष्ठ शिक्षण संस्थानों की सूची बनाई जाए तो उसमें अमेरिका का बोलबाला होता है। कुछ सौ साल पहले तक यही स्थिति यूरोप की होती थी। ऐसा इसलिए होता है कि जब किसी समाज संस्कृति का पेट भरा होता है तो वह अधिक सूक्ष्म और परिष्कृत वस्तुओं पर ध्यान लगाती है—जैसे दर्शन, साहित्य, संगीत, कला आदि। यह वही क्रियाएँ तथा ज्ञान है जो हमें चार पैरवाले जीवों से अलग करती है। निर्विवाद सत्य है कि प्राचीन भारत में इतनी समृद्धि थी कि वह जीवन के सूक्ष्म तथा परिष्कृत पक्षों पर ध्यान दे सके।

एक और बात को जानना भारत को समझने के लिए आवश्यक है कि भारतीय जीवन सदा से ही निर्वृत्तिपरक रहा है। यूँ तो विश्व में जहाँ कहीं भी वर्ण जैसा वर्गीकरण दिखाई देता है, वहाँ पुजारियों का स्थान सर्वोपरि होता है, लेकिन भारत में स्थिति थोड़ी अलग थी, यहाँ परलोक या निर्वृत्ति से बढ़कर कुछ नहीं माना जाता रहा है और वह सबके लिए सुलभ है, निर्वृत्ति की खोज भारतीय जनमानस में इस तरह धँसी हुई है कि इसका समानार्थी शब्द किसी भी अन्य संस्कृति में पाया नहीं जा सकता है। मनु ने वर्ण की स्थापना का मूल उद्‌देश्य ही मोक्ष को माना है। चारों पुरुषार्थों में से अंतिम श्रेष्ठ तथा चरम प्राप्य मोक्ष ही है। धर्म, अर्थ तथा काम को मोक्ष की प्राप्ति की तैयारी को ध्यान में रखते हुए ही पाया जाता था। जीवन की हरेक चेष्टा अंततः मोक्षोपाय ही है; चाहे वह कला हो या साहित्य, आयुर्वेद हो या धनुर्वेद इन सभी की चरम परिणति ईश्वरोन्मुखता ही थी। यह मोक्ष भी सभी वर्णों के लिए उपलब्ध था। शूद्र को भी वैदिक कर्मकांड का अधिकार था, परंतु वेदाध्ययन न करने के कारण मंत्रों के उच्चारण के बिना। मनु यहाँ तक कहते हैं कि एक जिज्ञासु व्यक्ति शूद्र से भी ब्रह्म ज्ञान प्राप्त करे, यहाँ तक कि एक चांडाल से भी मोक्ष

का ज्ञान लिया जा सकता है (2:238-40)। जाबालि, वाल्मीकि, व्यास, रैक्व जैसे अनेक उदाहरण हैं जिनसे पता चलता है कि हिंदू संस्कृति में ब्रह्म ज्ञान के आड़े जन्म कभी भी नहीं आया। मध्यकाल में भी ब्राह्मण रामानंद के शिष्य चमार रैदास थे, रैदास की शिष्या क्षत्राणी महारानी मीरा हुई। जुलाहे कबीर भी ब्राह्मण गुरु के शिष्य थे। आधुनिक काल में भी ऐसे बहुत से उदाहरण मिलते हैं। स्वामी रामदेव यादव कुल में जन्मे हैं, किंतु आज वे समाज के सभी वर्गों में सम्मानित हैं।

जब आज की तरह की राज तथा दंड व्यवस्था नहीं थी, तब क्या शक्ति थी, जो एक कुटिया में बैठे हुए निःशक्त, निर्धन, स्मृतिकार द्वारा लिखे हुए ग्रंथ को सदियों तक जीवन-पालन का सूत्र बना देती है? वह धर्म की शक्ति थी। मनु ने वर्ण-धर्म को मोक्ष तथा परलोक से जोड़ा था। मनु ने कई बार दोहराया है कि अपने वर्ण-धर्म का पालन न करने से व्यक्ति वर्णच्युत तथा मोक्ष से वंचित हो जाता है। गीता में भी कहते हैं कि अपना (वर्ण) धर्म छोड़ना भयावह है। ब्राह्मणों के मुख्य कर्म में धर्म पालन का मार्गदर्शन (अध्ययन तथा अध्यापन) तथा यज्ञ करना तथा करवाना है। धर्म और उसके फलस्वरूप मोक्ष—इस दूरस्थ लक्ष्य की आशा की डोर में बँधा हुआ पूरा समाज एक साथ, समायोजन तथा समन्वय के साथ बढ़ता था। यही कारण है कि मनु ने ब्राह्मण के धर्म पर बड़े विस्तार से लिखा है, क्योंकि अगर ब्राह्मण अपने धर्म पर टिका रहेगा तो अन्यों के धर्म की रक्षा करवाएगा।

चारों वर्णों को शिक्षा का अधिकार : आमतौर पर यह धारणा है कि पारंपरिक हिंदू सामाजिक व्यवस्था में चारों वर्णों में शिक्षा का समान अधिकार नहीं था। मनु पर भी यह अभियोग लगाया जाता है, पुनः यह भ्रम इसलिए होता है कि शिक्षा बहुद्देशीय होती है, इस तथ्य की उपेक्षा कर दी जाती है। मनु तथा अन्य समकालीन ग्रंथकारों का ध्यान से अध्ययन करने से ऐसा लगता है कि वहाँ पर त्रिवर्ण के लिए उपनयन के बाद जिस पढ़ाई की बात होती है, वह मुख्य रूप से वेदत्रई की निर्वाणपरक पढ़ाई होती थी, जिसके आरंभ के लिए यज्ञोपवीत आवश्यक होता है। हिंदू धर्म और संस्कार व्यवस्था को जो

थोड़ा भी जानता है, उसको पता होता है कि यज्ञोपवीत आध्यात्मिक साधनाओं का प्रवेशद्वार होता है (राजबली पांडेय, षोडश संस्कार)। यज्ञोपवीत के बाद ब्रह्मचारी सबसे पहले त्रिकाल संध्या और गायत्री की उपासना प्रारंभ करता है। उसके बाद धीरे से अन्य साधनाएँ तथा वेदादि शास्त्रों के अध्ययन में निरत होता है, जैसा यम-नियम और अनुशासन ब्रह्मचारी के लिए बताया गया है और जिस प्रकार से उसको गृहस्थ जीवन के नियम बताए गए हैं, वह यूँ भी उसको संसार के कार्य-व्यापार को साधना के समान ही करने योग्य छोड़ते हैं। किंतु केवल शास्त्रों का अध्ययन ही शिक्षा नहीं है। आज विश्वविद्यालयों में जाकर शुद्ध विज्ञान, समाज-विज्ञान, साहित्य, दर्शन की बड़ी-बड़ी डिग्रियाँ वही लेता है, जिसको अध्यापन, शोध आदि के कार्य करने होते हैं। शेष प्रारंभिक शिक्षा के बाद अपने रुचि के व्यवसाय की शिक्षा लेते हैं, चाहे वह किसी हस्तकौशल का क्षेत्र हो या फिर डॉक्टर, इंजीनियर जैसा प्रतिष्ठित व्यवसाय।

ऐसा लगता है कि यज्ञोपवीत करवाकर गुरुगह में रहकर विद्याध्ययन करने का निर्देश अपरा विद्या की उपासना करनेवालों के लिए था। इस बात की पुष्टि के लिए दो सूत्र मिलते हैं। सर्वप्रथम महर्षि सुश्रुत द्वारा बताई गई शल्य विद्या को करनेवाले व्यक्ति, जो पिछली शताब्दी के आरंभ तक मिलते थे, नाई जाति से होते थे। वे त्रिवर्णों में नहीं आते थे, लेकिन नाई आयुर्वेद की उच्चतम शाखा शल्यक्रिया के जाननेवाले होते थे। इसी प्रकार हड्डी बैठानेवाले भी थे। शरीर की एनाटोमी को अच्छी तरह जाननेवाले ये व्यक्ति शायद ही कभी ब्राह्मण होते थे, यह बहुत प्राचीन उदाहरण नहीं है। प्राचीन परंपरा से पढ़े वैद्य भी किसी भी वर्ण के मिलते थे। इसीलिए शास्त्रोक्त संस्कारों में विद्यारंभ संस्कार अलग होता था और यज्ञोपवीत संस्कार अलग होता था। जिस प्रकार यज्ञोपवीत के लिए वर्णानुसार ब्रह्मचारी की आयु आदि का वर्णन है, उस प्रकार विद्यारंभ में नहीं। विद्यारंभ से साधारण काम में आनेवाली शिक्षा या अक्षर ज्ञान की शिक्षा शुरू होती थी, जबकि यज्ञोपवीत से ब्रह्म विद्या की उपासना शुरू होती थी। यही बात बालिकाओं की शिक्षा को लेकर भी थी।

आज भी ये दोनों ही संस्कार प्रचलित हैं। विद्यारंभ संस्कार का वर्णन कौटिल्य, वाल्मीकि, भवभूति आदि ने किया है। कौटिल्य अर्थशास्त्र (1:2), जिसको पाश्चात्य विद्वान् मनु के समकक्ष और परस्पर आश्रित मानते हैं, में कहा गया है कि इस संस्कार के साथ बालक को लिपि और संख्या का ज्ञान कराया जाता है। वाल्मीकि ने कहा है कि राम और उनके भाइयों ने त्रई या तीनों वेदों के अलावा बाकी सभी विद्या विद्यारंभ के बाद और उपनयन के पहले ही सीख ली थीं। विद्यारंभ, विद्यापूजन, चौकी पूजन या सरस्वती पूजन आदि के नाम से जाना जानेवाला यह संस्कार सामान्य जीवन का हिस्सा था और इसको लेकर अधिकार भेद की बात नहीं उठती थी। अभी भी राजस्थान के मीना, कोली, खटिक आदि जातियों में यह परंपरा जानी जाती है। यद्यपि अन्य सभी संस्कारों तथा परंपराओं के समान इसका भी लोप हो चला है। निश्चय ही अन्य तथाकथित नीची कही जानेवाली जातियों में भी इसका प्रचलन रहा होगा। इससे स्पष्ट होता है कि सामान्य दुनियावी शिक्षा के लिए द्विज होना आवश्यक नहीं था।

इस तथ्य को बल देनेवाला दूसरा एक अत्यंत महत्त्वपूर्ण सूत्र है, जिसको पहले ब्रिटिश ढकते रहे, अब उसी मानसिकता के औपनिवेशिक वामपंथियों ने भी इस प्रकार के अध्ययन मुख्यधारा-विमर्श का अंग नहीं बनने दिए, क्योंकि ऐसे अध्ययन उनकी राजनीति के माफिक जो नहीं आते। 1835 से 1838 के बीच एक ईसाई मिशनरी विलियम ऐडम द्वारा बंगाल और बिहार की स्थानीय शिक्षा-व्यवस्था पर एक सर्वे किया गया था, जिसमें उसने कहा था कि सिर्फ बंगाल और बिहार में उस समय एक लाख के करीब विद्यालय ग्रामीण क्षेत्रों में थे। यह रिपोर्ट प्रकाशित भी हुई थी। इसके अलावा ब्रिटेन के 'हाउस ऑफ कॉमन्स पेपर्स' 1831-32, खंड-1 में लिखित है कि बॉम्बे प्रेसीडेंसी में स्थानीय शिक्षा पर एक सर्वे ब्रिटिश प्रशासन द्वारा करवाया गया था, इसी प्रकार का एक अन्य सर्वे अभी के केरल, तमिलनाडु, तेलंगाना और आंध्र के क्षेत्र में भी किया गया था। मद्रास के तत्कालीन गवर्नर थॉमस मुरनो ने लिखा है कि उस समय वहाँ के हर गाँव में कम-से-कम एक प्रारंभिक विद्यालय

तो था ही। जी.डब्ल्यू. लीट्नेर ने इसी प्रकार का सर्वे पंजाब में किया था और पाया था कि उस समय भी विभिन्न विद्यालयों में कम-से-कम तीन लाख तीस हजार विद्यार्थी भारतीय पद्धति से शिक्षा पा रहे थे। इन सभी प्रारंभिक विद्यालयों में लिखना, पढ़ना और सामान्य गणित सिखाई जाती थी। इन सभी अंग्रेज अफसरों ने एक बात समान रूप से कही थी कि भारत का स्थानीय शिक्षा तंत्र बहुत अच्छा था, जिसका अंग्रेजों ने सत्यानाश कर दिया। यह सभी रिपोर्ट अभी भी इंग्लैंड में दस्तावेजों में सुरक्षित हैं। प्रारंभिक विद्यालयों के अतिरिक्त उच्च शिक्षा के केंद्र भी थे, जहाँ ओरियंटल विधि, दर्शन, तर्क शास्त्र तथा आयुर्वेद पढ़ाया जाता था। लीट्नेर के अनुसार सिर्फ पंजाब में उस समय ऐसे केंद्रों में तीस से चालीस हजार विद्यार्थी पढ़ते थे, यह सभी विद्यालय या उच्च शिक्षा केंद्र, यद्यपि औपचारिक रूप से किसी संस्थान द्वारा निर्देशित-संचालित नहीं थे, किंतु इनमें लगभग एक प्रकार का पाठ्यक्रम और पुस्तकें चलती थीं। यह सभी सर्वे उस समय के हैं, जब ब्रिटिश राज्य का भारत में उदय होने लगा था और यहाँ की स्थानीय शिक्षा-व्यवस्था बदहाल होनी शुरू हो गई थी। इन रिपोर्टों में विद्यार्थियों का जाति और लिंग के आधार पर विभेदीकरण भी किया गया और उसमें बड़ी रोचक बातें सामने आईं, जैसे प्राथमिक विद्यालयों में, जहाँ छात्र पढ़ाई करके रोज घर वापस आ जाते थे, मालाबार और तंजौर जैसे जिलों में पाया गया कि छात्राओं की संख्या बीस से पच्चीस प्रतिशत तक भी थी और बड़ी संख्या में बालिकाएँ घरों में व्यक्तिगत रूप से अध्यापक लगाकर पढ़ाई जाती थी। कक्षा में त्रिवर्ण के अतिरिक्त चतुर्थ और पंचम वर्ण के छात्र भी होते थे। कुल पंजीकृत छात्रों में शूद्र छात्रों की संख्या सबसे ज्यादा होती थी, जबकि क्षत्रिय वर्ण के छात्र अधिकतर घर में ही पढ़ते थे। आगे की पढ़ाई में भी सभी वर्णों के छात्र होते थे, किंतु कुल संख्या बहुत कम हो जाती थी। वेद, वेदांग, दर्शन आदि ब्राह्मण वर्ण के छात्र ही पढ़ते थे, जबकि आयुर्वेद और ज्योतिष जैसे विषयों में अन्य वर्ण के छात्र भी होते थे।

अब पाठकों के मन में यह प्रश्न उठ सकता है कि मनु के संदर्भ में उन्नीसवीं शताब्दी के पूर्वार्ध में किए गए इस सर्वे का क्या काम? इसका

संबंध पिछले पृष्ठों में बताए गए परा विद्या-अपरा विद्या और विद्यारंभ-यज्ञोपवीत के भेद से है। ऊपर कहे गए सर्वे अट्ठारहवीं शताब्दी के अंत और उन्नीसवीं शताब्दी के प्रारंभ में भारत में शिक्षा की जो स्थिति थी, उसके विषय में बताते हैं। निश्चय ही यह सबकुछ पहले से चला आ रहा था, क्योंकि अंग्रेजों या फिर उसके पहले आए हुए मुसलिम आक्रांताओं के काल में तो समाज के लिए इतना शुभ और सकारात्मक कार्य प्रारंभ हो नहीं सकता। इस बीच कहीं भी, किसी स्मृति में बालिकाओं या शूद्रों की शिक्षा होनी चाहिए, ऐसा अलग से नहीं कहा गया है, फिर भी वह चल रही थी। दूसरी तरफ मनु ने भी विद्यारंभ में भेद की बात नहीं की है, सिर्फ यज्ञोपवीत को लेकर यह कहा है कि यह त्रिवर्ण के बालकों का होवे, अतः इससे सबका प्राथमिक शिक्षा का अधिकार होने की बात ही पुष्ट होती है।

अब एक प्रश्न और उठाया जा सकता है कि यदि मनु सभी की शिक्षा के अधिकार के समर्थक थे तो उन्होंने इस पर कुछ कहा क्यों नहीं। इसका एक अत्यंत सरल उत्तर है कि मनु विशेष रूप से उस पर ही बात करने बैठे थे, जहाँ किसी भी प्रकार का विवाद हो सकता था। मनु को नहीं पता था कि सदियों बाद उन्होंने जो कहा है, उसके साथ-साथ, जो उन्होंने नहीं भी कहा, उस पर भी उनसे उत्तर माँगे जाएँगे। सर्वशिक्षा इतनी सामान्य और प्रचलित थी कि उस पर उन्होंने कभी कुछ कहने की आवश्यकता ही नहीं समझी, अतः यह कहना कि मनु सर्वशिक्षा के विरोधी थे, मनु के साथ अत्याचार है।

वर्णों के कर्तव्य : मनु ने चारों वर्णों के कर्तव्यों को स्पष्ट रूप से बताया है। वर्णों के करने योग्य कार्यों को दो भागों में बाँटा जा सकता है, आजीविका तथा कर्तव्य। इसे इस प्रकार भी कह सकते हैं कि अर्थ प्राप्ति करानेवाले कर्तव्य तथा मोक्ष प्राप्त करानेवाले कर्तव्य, जैसे ब्राह्मण के निर्धारित कार्य इस प्रकार से हैं—अध्ययन, अध्यापन, यजन, याजन, दान तथा प्रतिग्रह। इसमें से तीन उसकी आजीविका थे—अध्यापन, याजन तथा दान लेना। अन्य तीन—विद्याध्ययन, यज्ञ तथा दान देना उसके कर्तव्य थे, जिनके पालन से उसे मोक्ष मिलता था। यह तीन कर्तव्य क्षत्रिय तथा वैश्य के

लिए भी थे, किंतु उनकी आजीविका अलग थी। शूद्र के लिए आजीविका तो बताई गई है, किंतु उसके लिए ऐसा कोई भी बाध्यकारी कर्तव्य नहीं था, जो न करने पर उसे 'अदृश्य' परलोक में लाभ से वंचित होना पड़े। किंतु इसका अर्थ यह निकालना कि वह दान नहीं दे सकता, क्योंकि उसे अशुद्ध माना गया है या उसके पारलौकिक कर्तव्य इसलिए नहीं हैं कि वह पारलौकिक उपलब्धियों के लायक नहीं माना जाता था, कुतर्क ही होगा। वह यदि बिना किसी द्वेष के अपना कार्य करता रहे, (यह शर्त चारों वर्णों के लिए थी) तो उसकी संसार के साथ परलोक की आवश्यकता भी पूर्ण हो जानी है। क्षत्रियों के लिए दान लेने का निषेध है और वे केवल दान दे सकते हैं, परंतु शूद्रों के लिए दान देना भी आवश्यक नहीं था। क्षत्रिय को अस्त्र-शस्त्र धारण करने के अतिरिक्त प्रजा की रक्षा, यज्ञ-आयोजन, स्वयं यज्ञ करना, विषय-वासना से विरक्त रहना करणीय कर्म बताए गए हैं। वैश्य के यज्ञ का आयोजन, स्वयं यज्ञ करना, कृषि, वाणिज्य, व्यापार, पशुपालन, करणीय कर्म हैं। इनके अतिरिक्त शेष कार्य शूद्र के हैं, जिनमें कृषि करना, अभिनय, कारीगरी, सैन्य कर्म प्रमुख हैं। वह राजा हो सकता है, किंतु पुरोहित, आचार्य या वणिक नहीं हो सकता है। वह शस्त्र भी उठाएगा तो न्याय और शांति की स्थापना के लिए ही। इसी प्रकार वैश्य के लिए भी बहुत से नियम और वर्जनाएँ थीं, यद्यपि उनको व्यापार करने की बात कही गई है, लेकिन उसको निर्माण कार्य में लगने का निर्देश कहीं नहीं है। यह कार्य शूद्र के लिए सुरक्षित किया गया था। शूद्र के लिए आजीविका संबंधी कर्म ही बताए गए हैं, कर्तव्य नहीं। सेवा कार्य, शिल्प, कला उसकी आजीविका के साधन बताए गए हैं, अगर आज शब्दावली में इसे देखें तो चारों वर्णों की आजीविका क्रमशः इस प्रकार है—1. अकादमिक क्षेत्र, 2. प्रशासनिक तथा सैन्य सेवाएँ, 3. वितरण तथा व्यापार, 4. उत्पादन तथा कलाएँ।

इसे देखकर ऐसा लगता है कि इस प्रकार के नियमों में जकड़े लोगों का जीवन अत्यंत कठिन होता होगा, लेकिन मनु के विधान की सबसे खास बात उसका लचीलापन है। आपद्धर्म के रूप में रुचि, योग्यता तथा आवश्यकता

के अनुरूप व्यक्ति को अन्य वर्ण के कार्यों को अपनाने का भी अधिकार था। मनु के आलोचक कहते हैं कि शूद्र को कोई भी अन्य कर्म की अनुमति नहीं थी, किंतु इस प्रकार अन्य वर्णों को भी सामान्य परिस्थितियों में अपना वर्ण धर्म त्यागने की अनुमति नहीं थी। सामान्यत: शस्त्र धारण करने की तथा आवश्यकता पड़ने पर युद्ध करने की अनुमति सभी वर्णों को थी। सत्य है कि ब्राह्मण आवश्यकता पड़ने पर अन्य वर्णों का कार्य कर सकता था, ऐसी स्थिति में वह ब्राह्मणत्व से च्युत हो जाता था, किंतु ब्राह्मण का कार्य करने की किसी अन्य वर्ण को अनुमति नहीं थी। क्या आज भी, जिसने शिक्षक बनने का प्रशिक्षण प्राप्त न किया हो, क्या वह शिक्षक बन सकता है, भले ही वह स्वयं कितना ही शिक्षित हो? क्यों आज भी विश्वविद्यालय चलाने, पाठ्यक्रम बनाने, शिक्षा नीति के निर्धारण के लिए अकादमिक पृष्ठभूमि के लोग ही लाए जाते हैं? आज सैन्य, वाणिज्य या उत्पादन के क्षेत्र के बड़े-से-बड़े व्यक्ति को कुलपति क्यों नहीं बनाया जाता है या किसी विश्वविद्यालय में अर्थशास्त्र या बिजनेस मैनेजमेंट के प्राध्यापक को किसी कंपनी का सी.ई.ओ. क्यों नहीं बना दिया जाता? जिस वजह से ऐसा नहीं होता, उसी वजह से ब्राह्मण का कार्य किसी को करने की अनुमति मनु नहीं देते हैं। दूसरी ओर मनु ब्राह्मण को यह छूट देते हैं कि वह चाहे तो किसी अन्य वर्ण का कार्य कर सकता है। इसे विशेषाधिकार मानकर लोग मनु को ब्राह्मण के प्रति पक्षपाती होने का आरोप लगाते हैं, किंतु ऐसा करते हुए वे इस तथ्य को अनदेखा कर देते हैं कि अन्य वर्ण का कार्य करनेवाला ब्राह्मण तत्काल अपने वर्ण से च्युत होकर क्षत्रिय, वैश्य या शूद्र के समकक्ष हो जाता है। इससे न तो आज के ब्राह्मणों को अपने अंदर बलिदानी वाला भाव लाना चाहिए और न ही इससे ब्राह्मणेतर को हीनभावना लानी चाहिए। इसके पीछे भावना यह नहीं है कि ब्राह्मण की तुलना में अन्य वर्ण दोयम दर्जे के हैं, अत: दूसरे वर्ण का कार्य करने से ब्राह्मण समाज की श्रेष्ठता को धब्बा लगता है। इसका अर्थ यह है कि यदि ब्राह्मण अपने बौद्धिक कार्य को और उसके साथ जुड़े हुए त्याग और तप को छोड़ दे तो उसको ब्राह्मण के विशेषाधिकार भी क्यों मिलें? जब वह व्यक्ति

शक्ति अथवा धन का संग्रह करने लगता है तो वह समाज द्वारा अपने संरक्षण के विशेषाधिकार को खो देता है। कुछ मामलों में व्यक्ति के अपने कुल समेत वर्ण च्युत होने में कुछ पीढ़ियाँ लगती हैं, जबकि कुछ मामलों में वर्ण च्युत होने की प्रक्रिया मात्र तीन दिनों में पूरी हो जाती है। शूद्र को क्षत्रिय के समान शस्त्र धारण तथा वैश्य के पशुपालन एवं व्यापार कर्म की आज्ञा थी। प्राचीन इतिहास में ऐसे अनेक उदाहरण मिलते हैं, जहाँ शूद्र राजा भी बने हैं।

मनु और शूद्र : वर्णों के निरूपण के लिए मनु को सर्वाधिक आलोचना का पात्र बनना पड़ा है। इसमें भी सबसे अधिक चर्चा ब्राह्मण तथा शूद्रों की स्थिति को ही लेकर होती है, अत: हम वर्णों के सामान्य कर्तव्यों के निरूपण पर कम और ब्राह्मण और शूद्र को लेकर इरादतन रचे गए विवादों पर अधिक ध्यान देंगे।

मनु पर शूद्र विरोध का आरोप लगाते हुए कहा जाता है कि मनु ने सबसे अधिक विस्तार से ब्राह्मणों और क्षत्रियों के कर्तव्यों के विषय में लिखा है, जबकि वैश्यों तथा शूद्रों के विषय में बहुत कम लिखा है। यह आक्षेप नितांत दु:खद, पक्षपातपूर्ण तथा पूर्वाग्रहयुक्त है। प्राचीन विद्वान् सदा से मनु की व्याख्या; मीमांसा के नियमों के आधार पर करते चले आ रहे हैं। मीमांसा का अतिदेश का सिद्धांत यहाँ पर लगता है। अतिदेश का एक उदाहरण है—मनु ने औरस पुत्र के कर्तव्यों पर लिखा है, किंतु दत्तक पुत्र के कर्तव्यों पर नहीं लिखा है। यहाँ पर टीकाकार अतिदेश के सिद्धांत के आधार पर कहते हैं कि मनु ने एक स्थान पर माना है कि दत्तक पुत्र औरस पुत्र के समान ही होता है, अत: उसके कर्तव्य भी औरस वाले ही होंगे और इसको पुन: लिखने की आवश्यकता नहीं है। सत्य तो यह है कि जहाँ आश्रम धर्म और नित्य धर्म ब्राह्मणों के लिए बताया गया है, वहीं यह भी कहा गया है कि यह नियम चारों वर्णों के लिए अपरिहार्य है, इसलिए इसे उनको अलग से फिर बताने का कोई मतलब नहीं था। अतिदेश सिद्धांत के अनुसार वे चार वर्णों के लिए समान ही हैं।

मनु पर एक गंभीर आरोप यह है कि वह शूद्रों की नियति त्रिवर्ण की सेवा बताते हैं और कहते हैं कि इससे च्युत होकर शूद्र पाप का भागी बनता

है, जहाँ तक पाप के भागी बनने का प्रश्न है यह तो उन्होंने त्रिवर्ण के धर्म के निरूपण के साथ-साथ स्पष्ट किया है कि अपने वर्ण धर्म से च्युत होकर कोई भी व्यक्ति घोर पाप का भागी बनता है चाहे किसी भी वर्ण का क्यूँ न हो। समष्टिपरक व्यवस्था होने के कारण किसे भी वर्ण का हो, किसी भी लिंग का हो, व्यक्ति के लिए समाज में निर्धारित अपने कार्यों को किसी भी हाल में छोड़ना श्लाध्य नहीं है। ब्राह्मणों को तो वर्ण धर्म से च्युत होने पर कठिन दंड का भी प्रावधान है। वर्ण धर्म से च्युत ब्राह्मण को सर्वप्रथम अपनी जीविका का आधार खोना पड़ता है, जो कि शूद्र के साथ नहीं है। एक अन्य स्थान पर मनु कहते हैं कि क्षत्रिय का वर्ण धर्म, प्रजा की रक्षा करना है और उसको चाहिए कि कर देनेवाली अपनी प्रजा की रक्षा प्राण देकर भी करे। प्रत्येक वर्ण का धर्म उसकी नियति बताई है, उसी प्रकार शूद्र का धर्म उसकी नियति है, इसमें कोई दुर्भावना नहीं थी।

दूसरी बात, शूद्र का कर्तव्य त्रिवर्ण की सेवा बताए जाने का आरोप लगाए जानेवालों से कुछ प्रश्न हैं। शूद्र क्या करते थे? आज के समय के सर्वहारा के समान वे फैक्ट्री और मिल में काम नहीं करते थे। मैला उठाने का परंपरागत काम भारत में होता ही नहीं था। मनु विरोधियों की मानें तो छुआछूत जैसी मनुवादी कुरीति (?) के चलते पानी भरना, खाना बनाना तथा रसोई के अन्य काम, कपड़े धोना, यज्ञ की तैयारी, घर भीतर की साफ-सफाई तो ब्राह्मण के घर में शूद्र कर ही नहीं सकता था। जंगल से लकड़ियाँ लाना और पानी भरकर लाने का काम स्वयं मनु ने शिष्यों तथा अंतेवासियों के लिए ही निर्धारित किया है तो फिर शूद्र किस प्रकार की सेवा करते थे? समस्या यह है कि लोग वर्तमान परिस्थितियों के ज्ञान के आधार पर सैकड़ों वर्ष पूर्व के उस समाज का मूल्यांकन करते हैं, जिसे कुछ ग्रंथों के झरोखे से ही देखा जा सकता है। जैसा कि कहा जाता है कि वेदमंत्र सुन लेने मात्र से ही शूद्र के कानों में पिघला सीसा डाल दिया जाता था। प्रथम तो मनु आदि ने ऐसा कहीं कहा भी नहीं है। इसके अतिरिक्त ब्राह्मणों के निवास स्थान में सतत यज्ञ-वेदाध्ययन होता था। मनु के आलोचकों के अनुसार त्रिवर्ण शूद्रों से अपना

सब काम करवाते थे तो ऐसी स्थिति में नित्य क्या उनके साथ काम करनेवाले सभी शूद्रों के कान में पिघला सीसा डाल उनको मृत्युदंड दिया जाता होगा और अगले दिन नए सेवकों का प्रबंध किया जाता होगा? यह संभव नहीं है। क्या सीसा पिघलाना हवन कुंड में घी पिघलाने जितना सरल है कि उसको पिघलाया और किसी के भी कान में डाल दिया? जिस तापमान में सीसा पिघलता है, उसको प्राप्त करना भी सामान्य आग में संभव नहीं है। अगर ऐसा होता तो क्रांति (?) हजारों वर्ष तक मार्क्सवाद के आने की प्रतीक्षा न करती।

इससे इतर बात करें तो सेवा के कार्य में सभी शूद्र घरेलू सेवा में ही नहीं लगे होते थे। यह संभव ही नहीं था, क्योंकि समाज का बड़ा भाग वैश्य और शूद्र ही थे। शूद्रों के लिए निर्धारित किए गए कामों को देखने से स्पष्ट होता है कि शूद्र मुख्यतः कारीगर, किसान, पशुपालक, कारीगर, कलाकार तथा किराए के सैनिक होते थे, उन्हें विशेष परिस्थितियों में व्यापार और भूमि स्वामित्व की आशा थी। कुछ स्थितियों में शूद्रों के राजा बनने के उदाहरण मिलते हैं। आज भी राजा सुहेलदेव के वंशज राजभर, स्वयं को शूद्र कहते हैं। मनु कहते हैं कि अपने कर्तव्यों का सही ढंग से पालन करते हुए श्रेष्ठ ब्राह्मण की संगति में रहनेवाला शूद्र अपने नए जन्म के बाद श्रेष्ठ वर्ण में जाता है। यह एक कथन गलत व्याख्या के कारण अनेक विवादों का जनक बन बैठा है। 'जन्मना जायते शूद्रो...' के अनुसार जन्म से सभी मनुष्य शूद्र होते हैं और उपनयन के बाद वेदाध्ययन के बाद द्विज कहलाते हैं, जैसा कि हम पहले भी कह चुके हैं, वर्ण का निर्धारण कर्म के साथ-साथ गुण भी होता है, अतः अपने गुणों के आधार पर जब शूद्र पर्याप्त संस्कारित हो जाए तो उसे भी द्विजन्मा होने का अधिकार होता है। यहाँ जन्म से तात्पर्य मर कर पुनः अन्य शरीर में जन्म लेना नहीं अपितु यज्ञोपतीत से है। इसका उदाहरण छांदोग्योपनिषद में जाबालि का प्रसंग मिलता है। जबाला नाम की स्त्री का एक पुत्र था। विद्याध्ययन की आयु होने पर उस बालक ने अपनी माँ से कहा कि 'मैं भी गुरुआश्रम जाकर विद्याध्ययन करूँगा।' माँ की आज्ञा से बालक गौतम ऋषि के आश्रम गया और विद्याध्ययन की इच्छा प्रकट की। ऋषि द्वारा

परिचय पूछने पर उसने कहा कि 'मैं जबाला का पुत्र हूँ,' तब ऋषि ने उससे पिता का नाम पूछा। बालक वापस अपनी माँ के पास आया और बोला कि 'गुरु अपना शिष्य बनाने से पहले पिता का नाम पूछते हैं।' माँ ने उत्तर दिया कि 'मैं दासी का कार्य करती हूँ और मेरे बहुत से स्वामी रहे हैं। मैं नहीं जानती कि तेरा पिता कौन है।' बालक ने जाकर यही उत्तर ऋषि को दिया। ऋषि ने कहा कि 'सत्य बोलने के तेरे साहस से मैं प्रसन्न हुआ। यह ब्राह्मण का गुण है। आज से तू मेरा शिष्य हुआ और तेरा नाम होगा सत्यकेतु जाबालि।' गुण के आधार पर न केवल शूद्र माता का वह पुत्र विद्याध्ययन का अधिकारी हुआ, अपितु एक महान् ऋषि के रूप में सम्मानित भी हुआ। उपनिषदों में दी हुई गाडीवान रैक्व की कहानी भी यही बताती है। गाडीवान रैक्व एक महान् ऋषि के रूप में प्रतिष्ठित थे। एक अन्य कथा महाभारत के शांतिपर्व में मिलती है, जिसमें कौशिक नाम के एक महान् ऋषि जब तपस्या से उठे तो एक पक्षी ने उन पर बीट कर दी। ऋषि ने क्रोध करके उसकी ओर देखा तो वह पक्षी वहीं भस्म हो गया। ऋषि को अपने तपोबल पर अभिमान हो आया, आगे जब वे भिक्षा माँगने गए तो वहाँ एक स्त्री ने उनको भिक्षा देने में विलंब किया। ऋषि ने उसको क्रोधपूर्ण दृष्टि से देखा तो वह स्त्री बोली कि 'ऋषि मैं कोई पक्षी नहीं, जो आपकी क्रोधपूर्ण दृष्टि से भस्म हो जाऊँगी।' ऋषि आश्चर्यचकित हो उठे और बोले कि 'तुमको इस घटना के विषय में कैसे पता चला,' तब वह स्त्री बोली कि 'मुझे यह कैसे पता चला, यह जानने के लिए आपको धर्मव्याध से मिलना होगा।' उसके आगे की कहानी है कि किस प्रकार उस स्त्री और धर्मव्याध नामक शूद्र के तपोबल से ऋषि प्रभावित हुए और उनका अहंकार समाप्त हो गया। मनु पर आरोप लगाना सरल है किंतु उनके शब्दों को और उनके इरादों को समझने के लिए उसकी कई परतों को देखना पड़ता है।

वर्ण-व्यवस्था गुण-कर्म पर आधारित थी। वर्ण विरुद्ध कर्म करने से त्रिवर्णों के वर्ण च्युत होने की बात मनु ने कई बार कही है, लेकिन यदि कोई अपने से श्रेष्ठ वर्ण के अनुरूप व्यवहार करे तो वह उच्च वर्ण में भी सम्मिलित हो सकता है। शूद्रों के विषय में यह मनु ने विशेष रूप से बताया है। समय-

समय पर शूद्रों के वर्ण परिवर्तित होते रहते थे, इसका साक्ष्य मनु के कथन से ही मिलता है, मनु कहते हैं कि किसी भी स्थिति में शूद्र संख्या में अन्य तीन वर्णों से अधिक न हो जाए, इसके लिए उनमें से योग्य व्यक्तियों का त्रिवर्णों में समावेश होता रहना चाहिए (केवल मोटवानी, धर्मशास्त्र ऑफ (मनु पृ. 4)। यहाँ ऐसा कुछ नहीं था कि शूद्रों के संख्या बल से मनु त्रिवर्णों के लिए किसी प्रकार का खतरा अनुभव करते हों। यदि ऐसा होता वे इसका कोई अन्य उपाय बताते। इसका कारण यह था कि मनु नहीं चाहते थे कि किसी भी व्यक्ति का जीवन संभावनाओं से रहित हो, यदि वह अन्य वर्णों के कार्य कर सकने की क्षमता रखता हो तो वह वंचित न रह जाए। उसको उसकी क्षमता के अनुरूप अवसर और सम्मान मिले। मनु कहते हैं (10:128), जब शूद्र का आचार श्रेष्ठ हो जाता है तो वह स्वयं ही इस लोक और परलोक में उच्च वर्णों का भाग बन जाता है। मनु पुनः एक अन्य स्थान पर कहते हैं (9:335) कि शूद्र यदि पवित्र, वाणी से सौम्य, अहंकार से रहित हो और श्रेष्ठ ब्राह्मणों के साथ रहता हो तो उसे उच्च वर्ण में सम्मिलित कर लिया जाना चाहिए। इसका यह अर्थ लगाना भूल होगी कि ब्राह्मण की सेवामात्र से वह श्रेष्ठता को प्राप्त होता है। इसका तात्पर्य किसी को उच्च या किसी को क्षुद्र दिखाना भी नहीं है। इसका अर्थ मात्र इस संभावना पर विचार है कि पढ़ने-पढ़ाने के वातावरण में रहकर वह स्वयं भी ज्ञानवान हो जाएगा। इससे यह भी इंगित होता है कि यदि शूद्र योग्य हो तो ब्राह्मण उसको बिना औपचारिक विद्यारंभ के भी ज्ञान प्रदान करते थे, भले ही उसके और त्रिवर्ण के पाठ्यक्रम में कोई अंतर होता हो। जाबालि, जैसे उदाहरण भी प्राचीन भारत में मिलते हैं, जहाँ अनाम पिता और शूद्र माता का पुत्र न केवल गौतम ऋषि के आश्रम में विद्या प्राप्त करता है, बल्कि एक महान् ऋषि भी बनता है। मनु इस बात पर बल देते हैं कि प्रत्येक व्यक्ति में यह योग्यता होती है कि वह अपनी इच्छा शक्ति से स्वयं को ऊपर उठा सके। यह उसके व्यक्तिगत प्रयास का परिणाम होता है कि वह अपने अंतःकरण को बदल सके और अपनी सामाजिक तथा आध्यात्मिक स्थिति सुनिश्चित कर सके।

वास्तविक ब्राह्मणत्व की प्राप्ति प्रकृतिप्रदत्त गुणों और जीवन मूल्यों के

उदात्त स्तर तक पहुँचकर होती थी। ब्राह्मण या क्षत्रिय कुल में उत्पन्न होकर भी असंख्य कारण तथा उदाहरण उपलब्ध हैं, जब व्यक्ति वर्ण च्युत होकर शूद्रत्व को प्राप्त होता है। शूद्र चाहे जन्म से हो, गुण-कर्म से हो अथवा वर्ण च्युत होकर बना हो, वांछित गुण उत्पन्न करके ब्राह्मणत्व को प्राप्त हो सकता है। ब्राह्मण होने की पहली तथा अंतिम शर्त ब्रह्म-मर्मज्ञ अथवा कम-से-कम ब्रह्म-जिज्ञासु होना माना गया है। मनु तथा भारत के अन्य चिंतकों के पास किसी भी मनुष्य को देने योग्य यह ही रहा है। मनु ने इसी एक आधार पर अपनी आचार-संहिता की वैधता तथा अनिवार्यता सिद्ध की है। इसी एक अभीष्ट की डोर से बँधा हुआ भारतीय समाज सदियों तक मनु के बताए मार्ग पर चलता रहा है, यहाँ पर मनु ने शूद्रों को मोक्ष मार्ग का अनुयायी तथा मोक्ष प्राप्ति का अधिकारी बताकर यह स्पष्ट किया है कि वर्ण-व्यवस्था समाज के सदस्यों को एक समान ही मानती है (10:127)।

गृहस्थ को अतिथि, घर के सदस्य, नौकरों व आश्रित जनों को भोजन कराने के बाद ही सपत्नीक भोजन करना चाहिए। (3:116) मनु पर छुआछूत का आरोप लगानेवालों को यह मनु का उत्तर है। लगभग चार सौ वर्ष पूर्व भारत आए फ्रांसीसी हीरों के व्यापारी Jean-Baptist Tavernier ने अपने यात्रा वृत्तांत में लिखा है—ब्राह्मण के घर सारी प्रजा के लिए खुले होते थे। वह कही भी वर्णगत भेदभाव नहीं देख सका था।

मनु पर एक भीषण आरोप है कि उनके विधान के अनुसार शूद्रों को संपत्ति का अधिकार नहीं होता। मनु एक स्थान पर कहते हैं कि स्त्री, पुत्र और दास का धन उनका अपना नहीं होता है (8:416)। यहाँ पर दो बातें हैं, पहला तो इस कथन को वर्ण या लिंग से जोड़ना सर्वथा अनुचित है, क्योंकि यहाँ पर साथ में ही पुत्र का भी उल्लेख है, जो कि पुरुष भी है और संपत्ति के मालिक के ही वर्ण का भी है। दूसरे, यहाँ पर उस संपत्ति की बात हो रही है, जो उस मालिक के लिए अर्जित की जाती है, जिसके साथ वे संबद्ध हैं। यह नियम न हो तो किसी भी व्यवसायी के साथ काम करनेवाले सभी व्यक्ति यदि अपने प्रयासों से अर्जित धन को अपने अधिकार में ले लेंगे तो व्यवसाय हो

ही नहीं सकेगा। मनु पर एक आरोप यह भी है कि वे शूद्रों को केवल त्रिवर्ण की सेवा का अधिकार देते हैं और उन्हें सपत्ति का अधिकार नहीं देते हैं, परंतु ऐसा नहीं है। कृषि भूमि पर अधिकार को लेकर मनु का स्पष्ट आदेश है कि भूमि पर उसी का अधिकार होता है, जो सबसे पहले वृक्ष काटकर उस भूमि को खाली करता है (9:44), यहाँ किसी भी वर्ण का उल्लेख नहीं है, अत: यह चारों वर्णों पर लागू होगा। मनु ने स्पष्ट रूप से कहा है कि यदि एक शूद्र कुछ पाने या जीवनयापन के लिए क्षत्रिय अथवा ब्राह्मण की सेवा करे, यहाँ पर केवल परालौकिक प्राप्ति या कर्तव्यपूर्ति की बात नहीं है, बल्कि धन और अचल संपत्ति को प्राप्त करने के लिए वह ऐसा करे। आगे वे कहते हैं कि ब्राह्मण की सेवा से वह धन संपत्ति के साथ-साथ परालौकिक सुख को प्राप्त कर सकता है (10:122)।

यहाँ इसका अर्थ यह नहीं कि शूद्र का जीवन इतना बेमोल है कि उसका स्वर्ग ब्राह्मण की सेवा में है, यहाँ तात्पर्य यह है की ब्राह्मण कि सेवा करते हुए वह ब्रह्म विद्या का ज्ञान भी प्राप्त कर लेगा। शूद्र के सम्मान के अलावा शूद्र के जीवन का मोल मनु नहीं मानते, ऐसा कहनेवाले इस तथ्य को अनदेखा करते हैं कि मनु ने कहा है कि शूद्र की हत्या करनेवाला भी छह महीनों तक प्रायश्चित करे, जिस प्रकार बाकी तीनों वर्णों का हंता करे।

नियमों का उल्लंघन करके उपनयन संस्कार से वंचित होकर क्षत्रिय भी शूद्र हो जाते थे। पौंड्रक, पल्लव, द्रविड़ कम्बोज, यवन, शक, पारद पह्लव, चीन, किरात, दरद खश, ये सभी क्षत्रिय थे, किंतु वर्ण च्युत होने से शूद्र हो गए (10:43-44)। एक तरफ तो शूद्रों के राजा होने के उदाहरण मिलते हैं, दूसरी तरफ जब मनु यह कहते हैं कि शूद्र राजा के राज्य में ब्राह्मण न रहे तो यहाँ बात राजा के जन्मजात वर्ण की नहीं हो रही है। क्षत्रियत्व का पालन करके शूद्र क्षत्रिय शासक हो सकता है और क्षत्रियत्व से च्युत होकर क्षत्रिय शूद्र हो सकता है तो यहाँ पर भी उस क्षत्रियत्व से च्युत राजा की बात हो रही है। एक उदाहरण नहुष का है। राजा सुदास भी वशिष्ठ के पुत्रों की निर्दोष हत्या के कारण शूद्रत्व को प्राप्त हुए थे।

मनु और ब्राह्मण : ब्राह्मणों को सभी विशेषाधिकार प्रदान करने और सभी अपराधों से मुक्त रखने का आरोप भी मनु पर निरंतर लगता रहा है और ब्राह्मणवाद और ब्राह्मणवादी पितृसत्तात्मकता को एक वर्ग गाली की तरह प्रयोग करता है। ब्राह्मण के कर्तव्यों पर हम पीछे चर्चा कर ही चुके हैं, अब हम ब्राह्मणों के ऊपर लगनेवाले प्रतिबंधों की चर्चा करें। ब्राह्मण को अध्यापन और याजन से अपनी जीविका चलानी होती थी, किंतु उस पर भी वह एक क्षत्रिय या शूद्र के समान अपनी सेवा का मूल्य निर्धारित नहीं कर सकता था, यद्यपि ब्राह्मण की आजीविका अध्यापन है, किंतु इसको वह अधिकार नहीं था कि वह छात्र को बाध्य करे कि वे उसे बदले में पैसे या कुछ वस्तु दें, ऐसा मनु ने एकाधिक बार कहा है। मनु आगे कहते हैं—ब्राह्मण, जो किसी के लिए यज्ञ कराए या वेद पढ़ाए, यदि वह उससे स्वयं या अपने छात्रों द्वारा उसकी संपत्ति लेने का प्रयास करता है तो वह एक चोर के समान हो जाता है और उसे एक चोर के समान दंड मिलना चाहिए (8:340)। यद्यपि यज्ञ करवाना ब्राह्मण की जीविका होती थी, किंतु सही या कुछ भी मूल्य न मिले और फिर भी अगर कोई ब्राह्मण यज्ञ का कार्य बीच में छोड़ दे तो वह दंड का भागी होता है। अब आगे देखें, किसी भी एक इलाके में या यूँ कहें कि एक समाज में कितने छात्र होते होंगे कि सभी ब्राह्मणों तथा उनके पुत्र-पौत्रों को भी पर्याप्त छात्र या यजमान मिल जाते होंगे? उस पर यदि ब्राह्मण जीविका के लिए किसी अन्य वर्ण का कार्य करें तो ब्राह्मणत्व से च्युत हो जाता था। लाख, मांस, नमक बेचकर वह तत्काल ब्राह्मणत्व से च्युत हो जाता है और अगर दूध तीन दिन बेच ले तो वह ब्राह्मण रह ही नहीं जाता (10:92)। इसका मतलब है ऐसी स्थिति में जिस काम में वह सबसे दक्ष होता था, उस काम को करने का अधिकार उसे नहीं रह जाता था। ऐसी स्थिति में मनु उसके सभी विशेषाधिकार समाप्त करके कहते हैं कि यदि एक ब्राह्मण गोवंश का पालन करता है, व्यापार करता है, कारीगर है, अभिनेता है, सेवक है या सूदखोर है तो राजा को चाहिए कि वह उसके साथ शूद्र जैसा बरताव करे (8:102)। मनु जैसे महर्षियों ने ज्ञान और शिक्षा का महत्त्व समझा और उसे समाज में शीर्ष स्थान दिया। अध्यापक, गुरु, चिंतक

समाज में शीर्ष पर विराजमान थे, लेकिन उनको यह स्थान उनके ब्राह्मण वंश में पैदा होने मात्र से नहीं मिला था, बल्कि यह स्थान विद्या प्राप्ति तथा विद्या दान में रत रहने तक ही प्राप्त था। यदि वे उन कार्यों में रत थे, जो किसी अन्य वर्ण के थे तो उनका स्थान तथा उनके साथ व्यवहार उसी वर्ण जैसा होता है। दरअसल ब्राह्मण को कोई विशेष अधिकार नहीं थे, जिसमें ब्रह्मत्व हो उसको ये अधिकार थे। इसको और भी सरल करके कहें तो जिसमें कुछ विशेष योग्यताएँ थीं, उनका नामकरण ब्राह्मण हुआ। ब्राह्मणों के अधिकार और कर्तव्यों के विषय में किसी भी निष्कर्ष पर पहुँचने के पहले इस बात को ध्यान में रखना चाहिए कि सभी ब्राह्मणवंश में उत्पन्न व्यक्ति अध्यापन या पौरोहित्य में नहीं लग सकते थे और जीविका के लिए अन्य कार्य करते ही वे ब्राह्मणत्व से च्युत हो जाते थे और अपने सभी अधिकार खो बैठते थे, अतः मनु के लिखे में जहाँ कहीं भी 'ब्राह्मण' शब्द पढ़ा जाए, उसका मतलब ब्रह्मोपासक, वेदाध्यायी समझा जाए, ब्राह्मण कुलोत्पन्न मात्र नहीं।

ब्राह्मण पर आचार-विचार के नियम भी अधिक कठोरता से लागू होते थे। अपढ़, लालची, साधना से विरत ब्राह्मण दान का अधिकारी नहीं होता था। ब्राह्मण अगर अपने कर्तव्य की पूर्ति न करे तो वह दंड का भागी होता है (8:335)। अहंकारजन्य अभद्रता ब्राह्मणत्व को हर लेती है। एक ब्राह्मण शूद्र के समान है, यदि उसे यह नहीं पता है कि किसी के अभिवादन के उत्तर में क्या करे? अभिवादन के उत्तर में सही प्रकार का अभिवादन नहीं किया तो उसको ब्राह्मण नहीं माना जाएगा (11:126)। पता नहीं कहानियों और सिनेमा में चित्रित अहंकारी ब्राह्मण कहाँ से आए थे। ब्राह्मण के लिए मदिरा के सभी प्रकार वर्जित होते हैं (11:96)। अज्ञानी ब्राह्मण तथा शूद्र में कोई अंतर नहीं होता। ब्राह्मण के शरीर में मदिरा जाते ही वह ब्राह्मणत्व से च्युत हो जाता है (11:96, 97)।

ज्ञानी होने के कारण उसका उत्तरदायित्व भी अधिक होता था, किसी भी प्रकार की चोरी में लिप्त होने पर जो दंड उसे भरना पड़ता था, वह अन्य वर्णों की तुलना में कई गुना अधिक होता था। यदि कोई पुरोहित अथवा आचार्य

चोरी करता है, उसे वस्तु के मूल्य से चौंसठ गुना अथवा कुछ विशेष स्थिति में सौ गुना दंड भरना पड़ता था, क्योंकि वह धर्म-अधर्म को जाननेवाला होता है (8:338)। सत्य है कि न्यायालय में सामान्यतः ब्राह्मण के साक्ष्य का अधिक महत्त्व होता है, इसीलिए यदि वह न्यायालय में झूठी गवाही देता है तो उसको दंड भी अधिक मिलता है। ऐसा करने पर वह देश निकाले का भागी होता है (8:123), जबकि अन्य वर्णों के लिए ऐसा कठिन प्रावधान नहीं होता था। व्यभिचार तो ब्राह्मण के लिए अक्षम्य था। गुरुपत्नी पर कुदृष्टि डालनेवाले ब्राह्मण के लिए कठोर दंड का विधान है, जैसे लोहे की तप्त शिला पर लेटना या लोहे की तप्त स्त्रीमूर्ति का आलिंगन करना (11:103-4)। एक ब्राह्मण, जो कि राजा के विषय में अपवाद फैलाता है, उसे पचास पण दंडस्वरूप चुकाने पड़ते हैं, वहीं एक सामान्य व्यक्ति के लिए आधा होकर पच्चीस पण रहता है, जबकि एक शूद्र के लिए यह राशि घटकर 12 पण है। यह भी एक मिथक है कि ब्राह्मण अवध्य ही है। यदि ब्राह्मण आततायी हो जाए तो हर हाल में वध्य है (8:350)।

सबसे पहले तो यह समझें कि यह व्यवस्था इतने वर्ष तक चल ही नहीं सकती थी, यदि ब्राह्मण अपने लिए विशेष अधिकार रखते और समाज के बहुत बड़े वर्ग को उसके सामान्य प्राकृतिक अधिकारों से भी वंचित कर देते। यदि पूर्वाग्रह से मुक्त होकर मनु को पढ़ा जाए तो समाज में सबसे बड़ा वंचित वर्ग ब्राह्मण को ही पाएँगे। एक ब्राह्मण के यहाँ बालक जब जन्म लेता है तो अपरिग्रह के बंधन से बँधा हुआ उसका पिता उसके भविष्य के लिए कुछ भी इकट्ठा नहीं करता है। आठ वर्ष की नन्ही सी आयु में, जब उसके समवयस्क अन्य बालक अपने परिवार के साथ रहते हुए खेलकूद रहे होते हैं, उसको गुरु आश्रम पढ़ने भेज दिया जाता है, जहाँ कठोर नियमों का पालन करते हुए 25 वर्ष की आयु तक शिक्षा पूरी करता है। और फिर वह गृहस्थ आश्रम में प्रवेश के लिए घर आता है, विवाह करके वह अपनी गृहस्थी चलाना प्रारंभ करता है, अब वह अपनी सांसारिक आवश्यकताओं की पूर्ति के लिए क्या करे? ब्राह्मण को ब्रह्मा के मुख से निकला हुआ होने जैसा एक अमूर्त सम्मान देकर

उन्हें कितनी ही सामान्य सुख-सुविधाओं से वंचित किया गया। ब्राह्मण का मुख्य कर्म पढ़ना-पढ़ाना, यज्ञ करना और कराना था, परंतु उस सेवा के लिए वह मूल्य निर्धारित नहीं कर सकता था। यह एक ऐसी विचित्र व्यवस्था थी, जिसमें मूल्य निर्धारण विक्रेता नहीं क्रेता के हाथ में था। मनु ने साफ-साफ लिखा है, ब्राह्मण विद्यादान कर सकता है, बेच नहीं सकता। उसी प्रकार यज्ञ कराने के लिए ब्राह्मण को धन की माँग करना निषिद्ध है। यह तो ब्राह्मण की सेवाएँ लेनेवाले यजमान और शिष्य पर निर्भर करता था कि वह ब्राह्मण को क्या दे या कुछ भी न दे। उस पर भी गुरु का कर्तव्य बताया जाता है कि वह शिष्य को अपनी संतान के समान रखे और जो भी दान में मिले, उसे अपने शिष्य के साथ बाँटे। एक तरफ ब्राह्मण को दान लेने का अधिकार दिया गया, वहीं दूसरी तरफ उसे दान देने का कर्तव्य दे दिया गया। उस पर से दान लेने में इतनी अधिक वर्जनाएँ लगाई हैं, मानो स्मृतिकार उसके लिए दान के सभी मार्ग बंद ही कर देना चाहते हैं।

एक तरफ तो दान लेनेवाले से कहा जाता है कि वह दान देनेवाले के गुणों पर पूर्ण विचार कर ले अन्यथा कुपात्र से दान लेने के अपराधस्वरूप वह धर्म और वर्ण से च्युत होकर मोक्ष से भी वंचित रह जाता है। दूसरी ओर दान देनेवाले से यह कहा जाता है कि अच्छी तरह ठोक-बजाकर सुपात्र को ही दान दे अन्यथा कुपात्र को दान देकर वह पाप का भागी बनता है। मनु तथा अन्य धर्मशास्त्रों में स्पष्ट लिखा गया है कि अगर दान लेनेवाला स्वयं तप और साधना नहीं करता है तो दान उसके पुण्यों को नष्ट करके कष्ट का कारण बनता है। यदि ब्राह्मण दान लेने के योग्य हो भी तो उसको दान लेने से बचने का भी निर्देश मनु ने दिया है, जिससे उसको दान लेने की आदत ही न पड़ जाए। क्योंकि दान लेने से उसकी आध्यात्मिक ऊर्जा बड़ी तेजी से नष्ट हो जाती है, यहाँ तक भी ठीक था। ब्राह्मण के लिए वर्जनाओं की सूची और भी लंबी है।

किसी प्रकार जप, तप, तपस्या करते हुए सौभाग्य से वह सुपात्र दानदाता की खोज कर भी ले तो एक और स्पष्ट आदेश है, उसे बहुत ही सीमित मात्रा में संग्रह का अधिकार है। बहुत विशेष परिस्थितियों में उसे अधिकतम

तीन वर्षों के योग्य संग्रह की अनुमति है। ब्राह्मण के लिए अपने वर्ण धर्म का पालन तलवार की धार पर चलने के समान होता है, क्योंकि यही एक ऐसा वर्ण है, जिसके लिए वर्ण धर्म से च्युत होने का अर्थ आजीविका से और प्रतिष्ठा से हाथ धो बैठना है। कहते हैं ब्राह्मण अवध्य होता है, परंतु ऐसे किसी भीषण अपराध के लिए उसे दिया जानेवाला दंड वध से अधिक नहीं तो कम भयानक भी नहीं है। वध योग्य अपराध की स्थिति में उसको स्थायी रूप से उसके शरीर को चिह्नित करके छोड़ दिया जाता था और ऐसे ब्राह्मणों को सभी ब्राह्मण कर्म अध्ययन, अध्यापन सहित सभी कर्मों से वंचित कर दिया जाता था। ऐसा ब्राह्मण देश के किसी भी कोने में क्यों न चला जाए, उसके चिह्नित शरीर के साथ उसके वर्ण च्युत होने की कहानी साथ ही चलती थी। समाज से निकाला गया वह व्यक्ति ब्राह्मणोचित तरीकों से आजीविका का पालन कर नहीं सकता, अब्राह्मणोचित कार्य उसके जन्मना ब्राह्मण होने के कारण समाज उसे करने नहीं देगा, ऐसे में वह मृत्यु से बदतर अपमानित जीवन जीने को विवश होता था। ऐसी स्थिति न भी आए तो भी उसका जीवन सरल नहीं था। किसी प्रकार ब्राह्मण अपनी गृहस्थी को सँभाले हुए जब तक अपनी विद्वत्ता और तप के बल पर प्रसिद्धि और सम्मान के चरम तक पहुँचता और उसकी संतानें इतनी बड़ी होतीं कि उसे कुछ सुख दे सकतीं, गृहस्थ आश्रम के 25 वर्ष पूरे हो जाते और पुनः धर्म का संरक्षक ब्राह्मण तीसरे आश्रम की शर्तों को पूरा करते हुए सबकुछ छोड़-छाड़कर जंगल की ओर निकल जाता। इस प्रकार कठोरतम कर्तव्य की डोर से बँधा, ज्ञान की उपासना में लगा हुआ, समाज के कल्याण हेतु जीवन खपानेवाला ब्राह्मण केवल मान और सम्मान की पूँजी के साथ संसार से विदा हो जाता। इस प्रकार समाज की श्रेष्ठतम मेधा को पहचानकर मनु ने उसको त्याग और तपस्या के ऐसे बंधन में बाँधा कि वह इसका दुरुपयोग करके समाज का संतुलन न बिगाड़ सके।

महाभारत के अनुशासन पर्व में शिव पार्वती से कहते हैं—

न योनिर्नापी संस्कारो न श्रुतं न च संततिः।
कारणानि द्विजत्वस्य वृत्तमेव तुकारणम्॥

अर्थात् जन्म, उपनयन आदि संस्कार, वेदशान, अच्छे कुल में जन्म—यह सब ब्राह्मण होने के कारण नहीं हैं। ब्राह्मण होने का कारण केवल व्यक्ति की वृत्ति ही है।

मनु द्वारा वर्णित वर्ण-व्यवस्था के कुछ विलक्षण गुण हैं, जिन्हें बहुधा अनदेखा किया जाता है और भारत की आध्यात्मिक धारा को न समझनेवालों को तो वे नजर ही नहीं आते हैं, जैसे—विशेषाधिकार की बजाय कर्तव्यों पर बल, वैविध्य के बावजूद परस्पर आश्रितता का तत्त्व, एक सुदूर आध्यामिक लक्ष्य के लिए एक साझी यात्रा पर चलने का समान अधिकार तथा स्वतंत्रता, जो कि एक अनंत परिप्रेक्ष्य में तात्कालिक दिक् एवं काल से जुड़ता हो, समाज के प्रति सामूहिक उत्तरदायित्व—इनसे एक ऐसे तंत्र का निर्माण होता है, जिसमें व्यक्ति को आत्मसंतोष और आत्मसम्मान प्राप्त हो और व्यक्ति स्वयं तथा समष्टि दोनों की मुक्ति के लिए प्रयास करे। उस एक लक्ष्य को प्राप्त करने में वर्णाश्रम को महत्त्व दिया जाता है, लेकिन साथ ही उसी लक्ष्य की पूर्ति के साथ वर्णाश्रम का अस्तित्व महत्त्वहीन भी हो जाता है। संत श्री ज्ञानेश्वर ने गीता के अपने भाष्य ज्ञानेश्वरी में कहा है, "श्रीकृष्ण कहते हैं कि जब तक कोई मेरे स्वरूप के साथ मिलकर समरस नहीं हो जाता है, तभी तक वह क्षत्रिय, वैश्य, शूद्र, स्त्री, अन्त्यज, ब्राह्मण आदि रूपों में भासमान होता है, परंतु जिस प्रकार समुद्र में में ही लीन हो जाता है, उसी प्रकार मेरे साथ समरस होते ही जातिभेद वाले भाव का पूर्ण लोप हो जाता है।"

(ख) आश्रम व्यवस्था : आश्रम व्यवस्था एक ऐसी संरचना है, जिसका उद्देश्य व्यक्ति को समाज से अलग-थलग करना नहीं, बल्कि उसका समावेश समाज में करना है। आश्रम व्यवस्था का निर्माण समाज में प्रचलित जीवन शैली की दो धाराओं को, जो पूर्णत: प्रवृत्ति या पूर्णत: निवृत्ति के मार्ग को ही परम लक्ष्य मानती थीं, उनमें संतुलन तथा समावेश स्थापित करने हेतु हुआ था।

यह व्यवस्था अपने शुद्ध रूप में दो व्यवस्थाओं के विरोधाभास को कुंद करती है। एक वह, जो गृहस्थी और गृहस्थ को ही समाज की धुरी मानता है तथा दूसरी, वह, जो संसार-त्यागी संन्यासियों को ही केंद्र मानती है। आश्रम-

व्यवस्था की सफलता इसी में है कि इसके द्वारा भारतीय संस्कृति की इन दो धाराओं में संतुलन हुआ है।

आश्रम-व्यवस्था प्राचीन भारतीय सामाजिक संरचना का दूसरा महत्त्वपूर्ण स्तंभ है। भारतीय दर्शन में मनुष्य के चार अभीष्ट पुरुषार्थ माने जाते हैं—धर्म, अर्थ, काम तथा मोक्ष। इनमें से चौथा पुरुषार्थ 'मोक्ष' मनुष्य जीवन का चरम लक्ष्य तथा परम कल्याणकारी माना जाता है। मनुष्य के अल्प जीवनकाल में चरम पुरुषार्थ मोक्ष प्राप्ति के साथ-साथ शेष तीनों पुरुषार्थों की भी उचित प्रकार से साधना हो सके इसके लिए आवश्यक है कि प्रारंभ से मनुष्य का जीवन विशेष प्रकार से व्यवस्थित हो। इसी उद्‍देश्य से भारतीय धर्मशास्त्रकारों ने मनुष्य जीवन को चार बराबर भागों में विभाजित करके क्रमशः चारों पुरुषार्थों की प्राप्ति करानेवाली आश्रम-व्यवस्था का निर्माण किया।

आश्रम शब्द की व्युत्पत्ति 'श्रम' धातु से हुई है। श्रम का अर्थ श्रम करना अथवा पौरुष दिखाना होता है, अतः आश्रम शब्द के तीन अर्थ होते हैं—1. वह स्थिति अथवा स्थान जिसमें श्रम किया जाए, 2. स्वयं श्रम या पौरुष, 3. विश्राम स्थान। अतः हम कह सकते हैं कि आश्रम व्यवस्था वह व्यवस्था है, जिसमें व्यक्ति के कर्मठ जीवन की रूपरेखा उसके परम लक्ष्य को दृष्टि में रखकर बनाई जाती है।

आश्रम चार हैं, जिनके प्रचलित नाम क्रमशः इस प्रकार हैं—ब्रह्मचर्य, गृहस्थ, वानप्रस्थ तथा संन्यास। आश्रम व्यवस्था का स्वरूप समान होने पर भी अलग-अलग ग्रंथों में इनके नामों में अंतर मिलता है। आपस्तंब सूत्र के अनुसार चार आश्रमों के नाम इस प्रकार हैं—गार्हस्थ्य, आचार्यकुल, मौन, वानप्रस्थ। वशिष्ठ धर्म सूत्र के अनुसार चारों आश्रमों के नाम इस प्रकार हैं—ब्रह्मचारी, गृहस्थ, वानप्रस्थ तथा परिव्राजक। गौतम धर्मसूत्र के अनुसार चार आश्रम क्रमशः ब्रह्मचारी, गृहस्थ, भिक्षु तथा बैखानस हैं।

आश्रम-व्यवस्था के अंतर्गत मनुष्य के सौ वर्षों के अभीष्ट जीवन को पच्चीस-पच्चीस वर्ष की समान अवधिवाले चार आश्रमों—ब्रह्मचर्य, गृहस्थ, प्रस्थ, संन्यास में बाँटा गया है। मनुष्य के जीवन में चारों आश्रमों का महत्त्व

है और इसको साधारण तौर पर चार पुरुषार्थों की प्राप्ति के लिए बने टाइम-टेबल की तरह भी देख सकते हैं। ब्रह्मचर्य में व्यक्ति गुरु आश्रम में रहकर धर्म का शान प्राप्त करता है। गृहस्थाश्रम में वह धर्म के जीवन जीते हुए काम और अर्थ की साधना करता है। वानप्रस्थ में वह स्वयं को चरम पुरुषार्थ के लिए तैयार करता हुआ, अंत में संन्यास आश्रम में मोक्ष की साधना करता है। शांतिपर्व में कहा गया है—'चार चरणों का यह सोपान अंत में ब्रह्मपद को पहुँचता है। इस सोपान से ऊपर, अर्थात् एक आश्रम से दूसरे आश्रम तक चढ़ते हुए मनुष्य अंत में ब्रह्मलोक में बड़प्पन पाता है।'

जीवन के प्रथम पच्चीस वर्षों में व्यक्ति अपने वर्णधर्मानुसार उपयुक्त आयु में उपनयन करा के गुरु के पास जाता है और एकनिष्ठ भाव से विद्याध्ययन करता है। वह गुरु की सेवा करता है और आश्रम के नियमों का पालन करता है। ब्रह्मचारी का जीवन कठोर नियमों से बँधा होता है। यही समय होता है, जब उसके शेष जीवन की नींव पड़ती है। मनु कहते हैं कि ब्रह्मचारी के लिए बनाए गए नियम तथा गुरुकुल का वातावरण उसके लिए आजन्म लाभप्रद और सार्थक होते हैं (2:15-18)। उस से यह अपेक्षा की जाती है कि वह आश्रम के नियमों को पूर्ण निष्ठा से स्वीकार करे और गुरु की आज्ञा का पालन और उनका आदर करे। उपनयन से समावर्तन तक उसको नित्य अग्नि तथा समिधा से संबंधित कार्य, भूमि पर शयन और गुरु सेवा करनी चाहिए (2:108)। गुरु को नित्य प्रणाम करनेवाले और उनके प्रति श्रद्धा रखनेवाले शिष्य को आयुष्य, शान और यश की प्राप्ति होती है (2:121)। वहीं यदि वह शिष्य धर्म का पालन न करे तो वह गुरु आश्रम में रहने का अधिकार खो देता है और ऐसी स्थिति में उसका शूद्र के समान परित्याग होना चाहिए (2:103)। इस प्रकार से जीवन का प्रथम चतुर्थांश गुरु के पास बिताकर दूसरे चतुर्थांश में पत्नी के साथ गृहस्थ आश्रम में प्रवेश करे (4:1)।

गृहस्थ आश्रम के इन पच्चीस वर्षों में वह समाज तथा परिवार के प्रति अपने कर्तव्यों का गुरु आश्रम में प्राप्त ज्ञान पर चलते हुए धर्मयुक्त भावना से निर्वाह करे। गृहस्थ आश्रम में व्यक्ति अपनी कामनाओं को संतुष्ट करनेवाले

भोगों को भोगकर आगे की यात्रा की तैयारी करता है। अतृप्त कामनाओं के साथ मोक्ष की उपासना भी नहीं हो सकती है। प्राचीन भारतीय चिंतक एक बात को मानकर चलते हैं कि व्यक्ति मूलतः नैतिक होता है और विश्व भी नैतिकता के मूलभूत नियम के अनुसार ही चलता है, यद्यपि ऐसा हमेशा होता नहीं है। वे यह भी मानते हैं कि व्यक्ति का अपनी कामनाओं की पूर्ति के लिए प्रयास उचित भी है, स्वाभाविक भी है, क्योंकि यह उसकी संतुष्टि तथा जीवन के विस्तार के लिए आवश्यक है, लेकिन वे यह भी मानते हैं कि इसका अर्थ यह नहीं कि वह अपनी इच्छाओं के पीछे ही भागता रहे और उसे ही अपने जीवन का नियामक तत्त्व मान ले, क्योंकि इस सबके ऊपर एक महत्तर नियम भी काम करता है, जो धर्म है। यह ही शिवतत्त्व के नियम के साथ कामनापूर्ति करते हुए जीवन के विस्तार तथा नियमन का मूल है, यही महान् व्यक्तियों के द्वारा निर्धारित धर्म है।

गृहस्थ का कर्तव्य है कि उत्तम, समान वर्णवाली स्त्री से विवाह करके संतानोत्पत्ति करे और विधिसम्मत तरीकों से अर्थोपार्जन करते हुए अपने आश्रितों का पालन करे। व्यक्ति को चाहिए कि इन सबका पालन करते हुए वह किसी अन्य को हानि न पहुँचाए (4:2)। जितेंद्रिय होकर गृहस्थ आश्रम में रहने से स्वर्ग की प्राप्ति होती है। ऋषि, पितर, देव, भूत, अतिथि, सब गृहस्थ पर ही निर्भर रहते हैं, अतः उसे पञ्च महायज्ञ करने चाहिए। नृयज्ञ, अर्थात् अतिथि सत्कार अवश्य निष्ठा से संपन्न होने चाहिए, जो वस्तु अतिथि को न परोसी गई हो, वह स्वयं भी नहीं खानी चाहिए. अतिथि पूजन से आयु, यश, एवं स्वर्ग प्राप्त होते हैं। ऋत्विक, पुरोहित, आचार्य, मामा, अतिथि, आश्रित, बालक, वृद्ध, आतुर, वैद्य, स्वजातीय, बधु-बांधव, माता, पिता, पुत्री, भाई, पुत्र, पत्नी, नातिन, सेवक आदि से विवाद करने से बचना चाहिए। ऐसा विवादहीन व्यक्ति इन सबसे पराजित हो सकता है, किंतु वह समस्त लोकों को जीत लेता है और समस्त पापों से मुक्त हो जाता है (4:179-181)। गृहस्थ को चाहिए कि वह अपनी पत्नी को पूर्ण सम्मान और सुख दे, जिस परिवार में पति और पत्नी परस्पर एक-दूसरे से संतुष्ट होते हैं, वहाँ समृद्धि आती

है (3:60)। गृहस्थ आश्रम को शास्त्रकारों ने बहुत अधिक महत्त्व दिया है। गृहस्थ ही प्रत्यक्ष और परोक्ष दोनों रूपों से शेष तीन आश्रमों का निर्वाह करता है। शांतिपर्व में कहा गया है—'जिस प्रकार माता का आश्रय लेकर सभी जीव जीते हैं, उसी प्रकार गृहस्थाश्रम के सहारे अन्य आश्रम जीते हैं।' मनु कहते हैं कि जिस प्रकार वायु सभी प्राणियों का आश्रय है, उसी प्रकार गृहस्थ सभी का आश्रय है। यह आश्रम इसलिए भी सबसे अधिक महत्त्वपूर्ण है कि इसी में व्यक्ति को पूर्वाश्रम में प्राप्त ज्ञान के उपयोग का अवसर मिलता है (3:77-78)। गृहस्थ ही चारों वर्णों के अनुरूप अपने कर्तव्यों का निर्वाह करते हुए समाज की व्यवस्था बनाकर रखता है। मनु पुनः कहते हैं कि सभी आश्रमों में गृहस्थ सबसे प्रशंसनीय और श्रेष्ठ है, क्योंकि इस आश्रम में व्यक्ति वेदों तथा स्मृतियों में दिए गए नियमों का पालन करता है और अन्य आश्रमों का पोषण करता है। जिस प्रकार सभी नदियाँ समुद्र में आश्रय चाहती हैं, उसी प्रकार सभी आश्रम गृहस्थ आश्रम में आश्रय चाहते हैं (6:89-90)।

जीवन के अगले चतुर्थांश में व्यक्ति घर छोड़कर घर या ग्राम/नगर से बाहर निवास करे और संन्यास और मोक्ष की यात्रा के लिए मनसः तैयारी करे। मनु ने स्पष्ट किया है कि अपनी संतान की संतान का मुख देखने के और चेहरे पर झुर्रियाँ पड़ने के उपरांत व्यक्ति को अपने सांसारिक कर्तव्यों से विरत होकर वानप्रस्थ में प्रवेश करना चाहिए (6:2), किंतु इसके लिए आवश्यक है, वह अपने सांसारिक कर्तव्यों को पूर्ण कर चुका हो। ऐसा न होने पर वह पाप का भागी होता है (6:35-37)। मनु चाहते हैं कि जब संतान समर्थ हो जाए, गृहस्थी और परिवार का भार उठाने में सक्षम हो जाए और स्वयं का शरीर शिथिल होने को हो तो उसको वानप्रस्थ में प्रवेश करना चाहिए। वानप्रस्थ में वह इंद्रियों पर संयम रखते हुए ब्रह्मचर्य का पालन करे। इस अवस्था में उसको औरों के विषय में न विचार करके अपने आत्मिक विकास पर ध्यान लगाना चाहिए और क्षमा, दया और सबके प्रति मैत्री का भाव साधना चाहिए (6:4-5)। इस स्थिति में यद्यपि वह गृहत्याग कर देता है, परंतु परिवार वालों से संपर्क रखना उसके लिए वर्जित नहीं होता है। जीवन के

गहन दर्शन पर ध्यान लगाना तभी संभव है, जब उसकी सांसारिक कामनाओं की धर्मसम्मत तरीके से पूर्ति हो चुकी हो। जीवन में सफलता चारों आश्रमों के वांछित समन्वय से ही संभव है। इसीलिए गृहस्थाश्रम का अतिक्रमण श्रेयस्कर नहीं माना गया है।

इसके बाद जीवन के अंतिम चतुर्थांश में संन्यास आश्रम का प्रारंभ होता है। यह पूर्ण वैराग्य की स्थिति होती है। देव, ऋषि और पितृ ऋण से मुक्ति के बिना मोक्ष की प्राप्ति नहीं होती। इसलिए वेदाध्ययन, पुत्र प्राप्ति और यज्ञ द्वारा तीनों ऋणों से उऋण होकर ही मनुष्य मोक्ष की ओर बढ़े। उसके बिना मोक्ष की इच्छा अधोपतन को लाती है (6:37), अतः संन्यास में जाने से पहले व्यक्ति को ये सभी कर्तव्य अवश्य पूरे कर लेने चाहिए। इसमें व्यक्ति सभी सांसारिक बंधनों से मुक्त होकर मोक्ष-साधना करता है। संन्यासी न तो किसी वर्ण-जाति का होता है और न ही किसी सामाजिक समूह से संबंध रखता है, वह परिवार के बंधनों का भी त्याग करके कुल और गोत्र से पृथक् हो जाता है। न तो वह किसी का होता है और न ही कुछ उसका होता है। यज्ञ की अग्नि को धारण किए हुए संन्यासी अपने घर का त्याग कर देता है और किसी एक स्थान पर रुकता नहीं। (6:33-34) इंद्रिय संयम, अहिंसा, सुख-दुःख से निर्लिप्तता के साथ वह मुक्ति को प्राप्त होता है। जीवन तथा मरण को समभाव से देखता हुआ वह धैर्यपूर्वक ईश्वर में निष्ठा के साथ स्वयं को उनकी इच्छा के अधीन कर देता है।

इन सभी आश्रमों की विस्तृत आचार-संहिताएँ भी हैं, जो धर्मशास्त्रों में संकलित है। ऐसा माना जाता है कि इस आश्रम व्यवस्था का विधि-विधानपूर्वक पालन करनेवाला अंत में मनुष्य मात्र के चरम लक्ष्य 'मोक्ष' को प्राप्त कर लेता है।

मनुष्य के व्यक्तिगत जीवन तथा समाज दोनों में व्यवस्था बनाए रखने के लिए चारों आश्रमों का समान रूप से महत्त्व है, किंतु प्राचीन भारतीय समाज में मोक्ष को चरम पुरुषार्थ के रूप में मान्यता तथा निवृत्ति प्रधान प्रकृति की प्रधानता होने के कारण संन्यास का महत्त्व बहुत अधिक बढ़ गया

था। महाभारत में इस आश्रम का महत्त्व इस प्रकार वर्णित है—'इस सोपान के चरणों में मनुष्य को अपने पापों का, अर्थात् स्वार्थपरायण आत्मबुद्धि का अथवा विषयासक्ति रूप दोष का शीघ्र क्षय करके संन्यास लेना चाहिए। प्रवज्या अथवा संन्यास सबसे श्रेष्ठ स्थल है।' यह प्रवृत्ति कालांतर में इतनी अधिक सबल हो गई कि विद्वानों में आश्रम अतिक्रमण को लेकर वाद-विवाद होने लगे। आश्रम अतिक्रमण का अर्थ चारों आश्रमों में क्रमशः प्रवेश न करके किसी आश्रम को छोड़कर अगले आश्रम में प्रवेश कर लिया जाए। कुछ विद्वानों का मत था कि प्रत्येक मनुष्य को यह अधिकार है कि वह इच्छा होने पर कभी भी संन्यास ग्रहण कर ले।

परंतु यह प्रवृत्ति समाज की व्यवस्था के लिए घातक हो सकती थी, क्योंकि जिस समाज के सदस्य बिना गृहस्थाश्रम में प्रवेश किए ही प्रवज्या ग्रहण करने लगेंगे, उस समाज की वृद्धि, विकास तथा परिपालन तीनों ही असंभव हो जाएँगे, अतः धर्मशास्त्रकारों ने इसके लिए दो विशेष व्यवस्थाएँ की। प्रथम तो आश्रम अतिक्रमण का निषेध किया गया। उद्योग पर्व में महाभारतकार कहते हैं, 'गृहस्थाश्रम में पुत्र उत्पन्न कर उनके लिए कोई कर्ज न छोड़े और उनकी जीविका के लिए कुछ थोड़ा सा प्रबंध करें तथा सब लड़कियों का योग्य रीति से विवाह कर देने पर वानप्रस्थी हो संन्यास लेने की इच्छा करें।' मनु ने भी यथासमय ही वानप्रस्थ लेने की आशा देते हुए कहा है—'चब शरीर में झुरियाँ पड़ने लगे, नाती-पातों का मुँह देख ले, तब गृहस्थाश्रम छोड़कर वानप्रस्थ में प्रवेश करें।' दूसरी ओर गृहस्थ को महत्ता प्रदान की गई और कहा गया कि गृहस्थ ही सभी आश्रमों का आश्रय है।

जीवन की सार्थकता कर्म में ही मानी जाती है, परंतु कर्म की जो भारतीय दर्शन की परिभाषा है, वह 'कर्म' शब्द के साधारण अर्थ से अलग है। कर्म की इस अवधारणा के अनुसार कर्म वह ही है, जो समष्टि को दृष्टि में रखकर किया जाए। इस प्रकार का कर्म मनुष्य के कल्याण का एकमात्र मार्ग है। इस प्रकार का कर्म करने के सबसे अधिक अवसर गृहस्थाश्रम में हो सकते हैं, अतः यदि गीता की विचारधारा को ध्यान में रखकर आश्रम

व्यवस्था की विवेचना की जाए तो हम पाएँगे कि गृहस्थाश्रम सर्वश्रेष्ठ आश्रम है। मनुष्य जीवन का चरम लक्ष्य मोक्ष की प्राप्ति है, अतः यह तो संभव ही नहीं है कि श्रेष्ठ गृहस्थाश्रम द्वारा मोक्ष की प्राप्ति न हो सकती हो। गीता में मोक्ष की प्राप्ति के लिए संसार त्यागकर वन में बैठना आवश्यक नहीं बताया गया है। जो मनुष्य अपनी प्रकृति और धर्म के अनुरूप अपने कर्तव्यों को सहज रूप से करता रहे तथा निष्काम भाव से उनका फल ईश्वर को अर्पित करता रहे उसे कर्मबंधन नहीं बाँधते हैं, अतः ऐसा मनुष्य शीघ्र ही मोक्ष को प्राप्त कर लेता है। जिस परमात्मा से सर्वभूतों की उत्पत्ति हुई है, जिससे यह जगत् व्याप्त है, उस परमेश्वर को अपने स्वाभाविक कर्म द्वारा पूजकर मनुष्य परम सिद्धि को प्राप्त होता है।

विवाह

विवाह के प्रति भारतीय सामाजिक चिंतन में एक विशेष प्रकार का दृष्टिकोण विकसित हुआ है, जो भारतीय या हिंदू विवाह को बाकी सबसे अलग करता है। ईसाई धर्म में विवाह एक अनिवार्य दोष माना गया है, जबकि इसलाम में विवाह एक अनुबंध है। हिंदू विवाह एक आध्यात्मिक बंधन है, जिसमें पति और पत्नी साथ-साथ धर्म, अर्थ और काम का पालन करते हुए मोक्ष के लक्ष्य की ओर बढ़ते हैं। सामान्य धारणा के विपरीत विवाह भारत में मात्र यौनेच्छा की पूर्ति का मार्ग नहीं है। यद्यपि यह विवाह का एक आधारभूत प्रकार्य है; किंतु इसको वंश परंपरा को आगे बढ़ाने और धार्मिक आध्यात्मिक लक्ष्य की प्राप्ति का साधन भी बताया है। विवाह समाज और परिवार को स्थायित्व देने का भी कार्य करता है। पत्नी पति की सहधर्मिणी कहलाती है और पति कोई भी धार्मिक अनुष्ठान बिना पत्नी के पूरा नहीं कर सकता है। धर्म पर आधारित बंधन होने के कारण विवाह में परस्पर निष्ठा को सबसे ऊँचा स्थान दिया गया है। मनु पति-पत्नी के बीच आमरण निष्ठा की बात करते हैं।

विवाह के प्रकार : मनु तथा अन्य भारतीय सामाजिक चिंतकों ने

विवाह पद्धतियों का वर्गीकरण वधु प्राप्ति के तरीकों और उसके पीछे निहित भावनाओं के आधार पर किया है, जो कि अत्यंत व्यावहारिक और वैज्ञानिक है। मनु ने विवाह आठ प्रकार बताए हैं (3:21)—

ब्राह्म विवाह को मनु सर्वोत्तम मानते हैं, इसमें वर का चयन उसके ज्ञान और शील के आधार पर किया जाता है। कन्या का पिता वर को आमंत्रित करके वस्त्राभूषणों से अलंकृत कन्या उसको दान करता है। विवाह का यह रूप आज भी प्रचलित है (3:27)।

देव विवाह में किसी विशेष यज्ञ को करवानेवाले ऋत्विक से कन्या का विवाह किया जाता है (3:28)। निश्चय ही ऐसा करते हुए कन्या के साथ उनकी अनुकूलता पर अवश्य ध्यान दिया जाता होगा। यज्ञ की महत्ता कम होने के साथ इस प्रथा का भी लोप हो गया।

आर्ष विवाह में कन्या का पिता वर से गाय का जोड़ा लेकर उसके साथ अपनी कन्या का विवाह करता है (3:9)। इसमें गाय के जोड़े के अलावा कुछ भी नहीं लिया जाता है, अतः इसको कन्या—मूल्य कहना ठीक नहीं होगा, लेकिन मनु इसको भी उचित नहीं मानते हैं। वे मानते हैं कि कितना भी कम क्यों नहीं लिया जाए, कन्या पक्ष का वर से कुछ भी लेना उचित नहीं है (3:53)।

प्राजापत्य विवाह में पति पत्नी साथ-साथ धर्म के मार्ग पर चलें, इस वचन के साथ कन्या प्रदान की जाती है (3:3)।

असुर विवाह या मानुष विवाह में कन्या के घरवालों को धन-धान्य से संतुष्ट करके कन्या ली जाती है (3:31)। इस प्रकार के विवाह को मनु अच्छी दृष्टि से नहीं देखते। मनु इसे संतान का विक्रय मानते हैं। वे यहाँ तक कहते हैं कि वर पक्ष की दी हुई किसी भी वस्तु को स्वीकार करने से कन्या पक्ष के लोगों को नरक मिलता है। मनु ने चारों वर्णों के लिए इसे निषिद्ध माना है।

यदि स्त्री और पुरुष आपसी सहमति से परस्पर शारीरिक संबंध बनाते हैं तो इसे भी विवाह के रूप में मान्यता देने का विधान है और इसको गांधर्व विवाह का नाम दिया गया है (3:32)। वासना से प्रेरित इस संबंध को विवाह

की मान्यता तो दी है, किंतु मनु ने इसे विवाह का श्रेष्ठ प्रकार नहीं माना है। जिस प्रकार के दिव्य गृहस्थ जीवन की कल्पना मनु करते हैं, उसका पालन वासना पर आधारित संबंधों के साथ कठिन ही है।

राक्षस विवाह उसको कहा गया है, जिस विवाह में बलपूर्वक रोती-बिलखती कन्या का हरण उसके परिजनों को परास्त करके किया जाता था और फिर उसके साथ विवाह किया जाता था (3:33)। बहुधा ऐसी स्थिति में वह विवाह के लिए हरी गई कन्या नहीं होती थी, अपितु युद्ध में हरण की गई कन्या के साथ संबंध बनाने को राक्षस विवाह कहा गया। युद्ध में गई स्त्रियों को समाज में प्रतिष्ठित स्थान दिलाने के लिए इसे विवाह का दर्जा दिया गया। कन्या की सहमति से उसके परिजनों को युद्ध में परास्त करके कन्या को विवाह के लिए हर ले जाने को भी राक्षस विवाह ही माना गया है, किंतु मनु ने इसका उल्लेख नहीं किया है। इसको क्षात्र विवाह भी कहते हैं।

मनु ने सोती हुई, बेहोश, नशे की अवस्था में हो, ऐसी कन्या के साथ कोई पापी व्यक्ति धोखे से शारीरिक संबंध बनाए तो उस अधम विवाह को पिशाच विवाह कहा है (3:34)। मनु ऐसे विवाह को पूर्णतयः निंदनीय मानते हैं।

मनु कहते हैं कि ब्राह्मण को प्रथम चार प्रकार से ही विवाह करना चाहिए। क्षत्रिय, राक्षस तथा गंधर्व विवाह कर सकता है (3:26)। क्षत्रिय को ऐसी अनुमति इसलिए दी गई है कि युद्ध में हरण की गई, परिजनों के मारे जाने के बाद बच गई या जिनके परिजन जान बचाकर भाग गए हों, ऐसी स्त्रियों को सामाजिक-आर्थिक सुरक्षा प्रदान की जा सके। वैश्यों और शूद्रों को मनु असुर विवाह की अनुमति देते हैं (3:24)। मनु राक्षस और पिशाच विवाह को अधर्मसंगत मानते हैं और पिशाच विवाह को तो अधम और पाप मानते हैं (3:25)। यहाँ यह प्रश्न उठ सकता है कि यदि मनु असुर, राक्षस और पिशाच विवाह को गलत मानते हैं तो उनको विवाह के प्रकार में गिना ही क्यों? क्या मनु को भ्रमित माना जाए या फिर उनके ग्रंथ के कुछ भाग को क्षेपित माना जाए या फिर यह माना जाए कि मनु का धर्मशास्त्र बहुत से लोगों ने समय-समय पर लिखा है। इनमें से कोई भी धारणा बनाना ठीक नहीं

होगा, जैसा कि हम पहले भी कह चुके हैं कि इस ग्रंथ को लिखते हुए मनु दो भूमिकाएँ निभाते हैं—एक तो स्मृतिकार मनु की और दूसरी ऋषि मनु की। स्मृतिकार मनु की मजबूरी वह सबकुछ संहिताबद्ध करना है, जो समाज में होता है, जबकि ऋषि मनु का कर्तव्य होता है हर उस बात की निंदा करना, जो उनको धर्म, समाज और मानवता के विरुद्ध दिखाई दे।

मनु कहते हैं कि शुभ नाम और शारीरिक लक्षणों से युक्त तथा निरोगी, ऐसी कन्या से विवाह करना चाहिए, जिसके भाई अवश्य हो (अन्यथा उसके पुत्रिका नियुक्त होने की संभावना रहती है)। सवर्ण कन्या से विवाह करना चाहिए, जो सपिंड न हो, अर्थात् माता और पिता दोनों और से समगोत्री न हो। इसमें एक बात ध्यान देने योग्य है कि मनु ने कहीं भी कन्या का चयन करते हुए उसके परिवार की आर्थिक स्थिति का ध्यान रखने की बात नहीं की है। यद्यपि मनु सवर्ण विवाह पर ही अधिक बल देते हैं, किंतु उस काल में मिश्र विवाह भी होते थे। मनु ने ऐसे विवाह से उत्पन्न बच्चों के विषय में लिखा है। किंतु वे सवर्ण विवाह न होने की स्थिति में अनुलोम विवाह को ही मान्यता देते हैं, विलोम को नहीं।

मनु तथा अन्य ने विवाह के जो नियम बनाए हैं, जो कि किसी-न-किसी रूप में आज भी चले आ रहे हैं, ऋग्वेद के विवाह सूक्त के आधार पर बनाए हैं। सैंतालीस मंत्रों का यह सूक्त एक ऋषि पुत्री सूर्य सावित्री द्वारा रचित है। स्वाभाविक रूप से एक स्त्री द्वारा रचित होने के कारण इसमें दिए नियमों में स्त्री हितों पर विशेष बल है। विवाह सूक्त में दिए गए विवाह के मंत्रों के मुख्य तत्त्व ये हैं—(1) विधवा विवाह की अनुमति, (2) पुरुष बहुविवाह का निषेध, (3) दहेज का विरोध तथा (4) विवाह विच्छेद का विरोध।

□

4

मनु का स्त्री-विमर्श

मनु द्वारा स्त्रियों के कर्तव्यों और अधिकारों के निरूपण को पढ़कर उसकी समीक्षा करने से पहले कुछ बातों का ध्यान रखना जरूरी है। सबसे पहले तो मनु उस सिद्धांत को मूल मानकर चलते हैं, जिसे आज के नारीवादी मुहावरे में 'Men the hunter and women the gatherer' कहते हैं। दूसरी बात मनु जिस समय और परिवेश में बात करते हैं, वहाँ वैयक्तिक अधिकार से कर्तव्य महान् था। तीसरी बात मनु के समय का समाज मूलत: कृषि प्रधान था और व्यावसायिक गतिविधियों की गुंजाइश बहुत कम थी, अत: उस समय बनाए गए नियमों का आकलन आज के संदर्भ में करना न तो उचित है और न ही संभव है। चौथी और विलक्षण बात यह है कि मनु परिस्थिति और भूमिका के संदर्भ में समरूपता पर बहुत अधिक विश्वास नहीं करते थे। समाज के एक वर्ग के यदि कर्तव्य अधिक थे तो दूसरे के लिए बंधन कठोर थे। अंतिम और सबसे महत्त्वपूर्ण बात, मनु के लिए समाज के हर सदस्य का जीवन एक तपस्या है, जिसका उद्देश्य इस लोक में समाज को सुचारु रूप से चलाना और परलोक में मोक्ष प्राप्त करना है। फिर भी मनु ने स्त्रियों को मूलत: पुरुषों के बराबर ही माना है, वे कहते हैं कि दिव्य पुरुष के शरीर के दो भाग किए गए, एक भाग से स्त्री बनी और एक से पुरुष (1:32)।

मनु ने स्थान-स्थान पर स्त्रियों के लिए जो भी निर्देश दिए हैं, हम उनको सिलसिलेवार प्रस्तुत करने का प्रयास करेंगे। सर्वप्रथम जब एक कन्या का

जन्म होता है तो यह शुभ है या अशुभ, कन्या जन्म होने से क्या बुराई है, इस सब का मनु ने कहीं कोई संकेत नहीं दिया है। यही इस बात को सिद्ध करता है कि मनु संतान के रूप में पुत्र और पुत्री में कोई भेद नहीं मानते थे। वे स्पष्ट रूप से कहते हैं कि पुत्र स्वयं का प्रतिरूप होता है और पुत्री पुत्र के समान ही होती है (9:130)। आगे भी पुत्र और पुत्री के लालन-पालन में भी किसी प्रकार के भेदभाव का कहीं कोई वर्णन नहीं मिलता है, वह अपने भाइयों के समान ही पाली जाती है। मनु ने भोजन के अनेक पक्षों, विशेषकर क्रम को महत्त्व दिया है, लेकिन हर जगह स्पष्ट कहा है कि कन्या को सर्वप्रथम भोजन कराया जाए। मनु कहते हैं कि पुत्री के प्रति सदा करुणा का भाव रखना चाहिए, यदि वह आघात भी करे तो उसको धैर्यपूर्वक सहन कर लेना चाहिए, ऐसा करके मनुष्य सभी पापों से मुक्त हो जाता है।

शिक्षा के लिए गुरुकुल जाने का नियम मनु ने कन्या के लिए नहीं रखा है, इसकी दो मुख्य वजहें दिखाई देती हैं। एक तो नई जगह में, बहुत से अपरिचितों के बीच कन्या की सुरक्षा खतरे में दिखाई देती है। दूसरी वजह कन्या की विवाह योग्य आयु कम होना थी, किंतु इसका अर्थ यह नहीं कि कन्या को विद्या या शिक्षा प्राप्त करने का अधिकार नहीं था। घर के बड़ों से वह शिक्षा तथा संस्कार प्राप्त करती थी, जिस प्रकार किशोरावस्था में कदम रखते ही बालक को गुरुगृह भेजकर उसकी शिक्षा आरंभ होती थी, उसी प्रकार उसी आयु में कन्या के भी शिक्षा एवं गृहस्थाश्रम के लिए उसका प्रशिक्षण प्रारंभ होता था। निश्चय ही उनको शिक्षित किया जाता था, क्योंकि मनु ने स्पष्ट लिखा है कि गृहस्थी में वित्त को सँभालने का भार पत्नी पर ही होना चाहिए। डॉ. केवल मोटवानी कहते हैं कि 'उस काल में बालकों के समान ही कन्याओं का भी विद्यारंभ संस्कार होना होता था, यद्यपि उनकी शारीरिक तथा मानसिक पूँजी और शिक्षा में उनके भावी जीवन के अनुरूप अंतर होता है, किंतु भविष्य की माताओं को रोजमर्रा के जीवन के लिए उसी प्रकार तैयार करना होता है, जिस प्रकार पिताओं को। विद्यारंभ के पश्चात् मनु के अनुसार शिक्षा के लिए बालक को अपने गुरु के पास जाना होता है, जबकि कन्या को अपने प्रशिक्षण के लिए पिता के घर

पर रहकर ही संतोष करना होता है। यह परंपरा बाद तक चलते चली आई है, जिसका विस्तृत और सप्रमाण वर्णन मिलता है। कन्या को पवित्र करने के लिए उचित समय पर उचित विधि से उसके साथ ज्ञान की दीक्षा कन्या की भी होनी चाहिए, किंतु बिना गुरुगृह में निवास की अनुमति के। इसकी पुष्टि और जगहों से भी होती है, जैसे प्राचीन ग्रंथों और कथाओं में मंत्रदृष्टा स्त्रियों के नाम आते हैं। इस सबसे ज्यादा महत्त्वपूर्ण प्रसिद्ध गांधीवादी और भारत के लब्धप्रतिष्ठित संस्थान आई.सी. एच.आर. के पूर्व सदस्य धर्मपाल का ग्रंथ 'द ब्यूटीफुल ट्री' है, उसमें उन्होंने सत्रहवीं और अठारहवीं शताब्दी में भारत में स्थानीय शिक्षा-व्यवस्था पर प्रकाश डाला है, उनकी पुस्तक का आधार वे आँकड़े हैं, जो अंग्रेज प्रशासनिक अधिकारियों ने नीति निर्धारण के लिए इंग्लैंड भेजे थे। उसमें बहुत-सी ऐसी बातें हैं, जो सिद्ध करती हैं कि भारत में शिक्षा का जाल और परंपरा आज से अधिक बेहतर थी और उसमें उस प्रकार का भेदभाव नहीं था, जैसा कहा जाता रहा है। लेकिन उसमें से निकलकर आनेवाली सबसे सुंदर बात स्त्री की शिक्षा थी। आंध्र और केरल के ब्रिटिश अधिकारियों नें साफ लिखा है कि गुरुगृह में रहनेवालों की संख्या कम ही थी, अधिकतर विद्यार्थी डे स्कॉलर्स के समान विद्यालय जाते थे और बहुत से घरों में भी व्यक्तिगत शिक्षकों द्वारा पढ़ाए जाते थे। विद्यालय जानेवालों में किसी-किसी जिले में बालिकाओं की संख्या तीस प्रतिशत तक थी, जबकि घर में व्यक्तिगत अध्यापक द्वारा पढ़ाए जानेवालों में बालिकाओं की बड़ी संख्या थी। यही नहीं विद्यालय जानेवालों में सभी वर्णों की बालिकाएँ थीं। विवाह उसके लिए एक पवित्र संस्कार है, जिसके बाद वह पति के घर में रहकर, जो कि उसके गुरुगृह जाने के समान है, अपने लिए नियत कर्तव्यों को पूर्ण करती है (2:66-67)। लेकिन इसके भी अपवाद होते थे तथा उसको भी मान्यता प्राप्त थी। साहित्य में इसके उदाहरण मिलते हैं। वाल्मीकि की एक शिष्या ऐत्रेयी के काव्य सीखने के लिए अगस्त्य के आश्रम में जाते हुए मार्ग में अगस्त्य की शिष्या वासंती से भेंट का उल्लेख आठवीं शताब्दी के नाटककार भवभूति ने उत्तर रामचरित में किया है।

मनु यह स्वीकार करते हैं कि स्त्री और पुरुष की शारीरिक और मानसिक

बनावट, दोनों में अंतर होता है। दोनों के बीच प्रकृतिप्रदत्त परस्पर आकर्षण होता है। भारतीय समाज के निर्माता न तो इसके दमन के पक्ष में थे और न ही इसके अनियमित भोग के पक्ष में थे। मनु ने भी काम को छोटा या निंदनीय नहीं माना है। वे केवल इसके संयमित भोग की बात करते हैं, जिससे समाज में व्यवस्था बनी रहे। अत: भोग के लिए विवाह की व्यवस्था थी और उसके पूर्व पूर्ण ब्रह्मचर्य का निर्देश था। विवाह के आठ प्रकारों में श्रेष्ठता क्रम निर्धारित करते हुए भी मनु ने स्त्री के मान-सम्मान का पूरा ध्यान रखा है। कन्या की इच्छा के विरुद्ध होनेवाला विवाह, चाहे बलपूर्वक किया गया हो या छलपूर्वक, विवाह का निकृष्ट प्रकार माना गया है। बलपूर्वक रोती-बिलखती कन्या का अपहरण करके किया जानेवाला विवाह राक्षस विवाह है। सोती हुई या नशे में होनेवाली स्त्री से विवाह पिशाच विवाह की श्रेणी में है। इसी प्रकार जिस विवाह में कन्या शुल्क लिया जाए, उसे भी मनु श्रेष्ठ नहीं मानते, क्योंकि ऐसे विवाह में यह संभावना होती है कि कन्या के परिवारजन लालच में आकर अयोग्य व्यक्ति के साथ भी कन्या का विवाह कर सकते हैं।

विवाह में परिवारों के बीच आर्थिक लेन-देन : मनु और भारतीय संस्कृति पर एक बड़ा दोष यह है कि यहाँ विवाह संबंध धन के आधार पर बनाते हैं। दहेज तो भारतीयता का दूसरा नाम मान लिया गया है। तथाकथित बड़े-बड़े प्रगतिशील महानुभाव बड़ी कोशिशों के बाद इसको अंशत: ही हटा पाए हैं। लेकिन मनु ने जो विधान दिया है, उसके अनुरूप चला जाए तो दहेज और कन्या शुल्क दोनों ही जड़ से खत्म हो जाते हैं। विवाह के संदर्भ में किसी भी प्रकार के आर्थिक लेन-देन का निषेध करते हुए मनु कहते हैं कि कोई विद्वान् पिता, चाहे कितना ही गरीब क्यों न हो, कन्या शुल्क कदापि न ले, क्योंकि जो व्यक्ति लालच के कारण अपनी पुत्री का शुल्क लेता है, वह अपनी संतान को बेचनेवाले के समान है (3:51)। अगले ही श्लोक में मनु यह भी कहते हैं कि वर के पिता-भाई तथा अन्य संबंधी, जो वधु के घर से मिले वस्तु, वाहन, कपड़े, मकान आदि का उपयोग करते हैं, वे पाप करते हैं और इसके लिए नरक जाते हैं (3:52)। दहेज को परंपरा बतानेवाले लोगों

के लिए यह आँखें खोल देनेवाला कथन है। यहाँ तो सोचनेवाला प्रश्न यह है कि आखिर दहेज कब और किस परिस्थिति में भारतीय समाज का हिस्सा बन गया। इस प्रकार वे यह सुनिश्चित करते हैं कि वधु का परिवार उसके भविष्य की सुरक्षा और सुख-सुविधा के लिए जो कुछ भी देते हैं, वह उसी के पास रहे, दूसरी तरफ इस विधान के द्वारा वे धन के लालच में वर के परिवार द्वारा बेमेल विवाह किए जाने को भी प्रतिबंधित करते हैं।

वर के चयन में कन्या की सहमति : यद्यपि विवाह सामान्यत: परिवारजनों द्वारा निश्चित किया जाता था, फिर भी मनु ने वाग्दत्ता के साथ-साथ मनोदत्ता को भी मान्यता दी है। वाग्दत्ता वह होती है, जिसका विवाह तो तय हो गया हो, किंतु संपन्न न हुआ हो। मनोदत्ता वह होती है, जो किसी के साथ विवाह का संकल्प ले चुकी हो, उसे भी मनु विवाहिता के समान ही मानते हैं। यदि एक निश्चित आयु तक कन्या का विवाह उसके परिवारजन न कर सकें तो उसको स्वयं मनचाहा वर खोज कर उससे विवाह करने की अनुमति भी मनु देते हैं। ऐसी ही किसी परिस्थिति में या कन्या की पसंद और परिवारवालों की पसंद में मेल न होने या भावनाओं के आगे बह जाने की परिस्थिति में होनेवाले संयोग को मनु ने गंधर्व विवाह के नाम से अनुमति दी है। यद्यपि वे इसे श्लाघ्य नहीं मानते थे।

हिंदू विवाह का एक विलक्षण गुण है कि यह एक पवित्र संस्कार माना जाता है, न कि एक अनुबंध या अग्रीमेंट। विवाह में पत्नी के अधिकार धर्म द्वारा प्रदत्त होते हैं, किसी औपचारिक अनुबंध द्वारा नहीं। प्राजापत्य विवाह में पति द्वारा जो वचन दिए जाते हैं, वे भी किसी अनुबंधन के तहत बाध्यकारी नहीं होते हैं। विवाह का मुख्य उद्देश्य धर्म के मार्ग पर चलते हुए ऋषि, पितृ एवं देव ऋण से उऋण होना होता है। पितृ ऋण से उऋण होने के लिए आवश्यक है कि व्यक्ति के स्वयं एक पुत्र हो, जो उसका और पितरों का श्राद्ध करे, जिसके लिए विवाह अनिवार्य है। वैसे भी मनु तथा अन्य स्मृतिकार गृहस्थ आश्रम को बहुत महत्त्वपूर्ण तथा आश्रम अतिक्रमण को खराब मानकर विवाह को अनिवार्य कर देते हैं।

विवाह की आयु : प्रत्येक व्यक्ति का कर्तव्य है अपनी पुत्री का विवाह अपने वर्ण के श्रेष्ठ पुरुष से अपनी कन्या का विवाह करे (9:88)। एक निश्चित आयु में कन्या का विवाह पिता का अनिवार्य कर्तव्य माना जाता है, किंतु इसको इस प्रकार बाध्यकारी भी नहीं बनाया गया है कि किसी भी प्रकार के वर से उसका विवाह कर दिया जाए, यद्यपि सही समय से कन्या का विवाह अनिवार्य कर्तव्य माना गया है और कन्यादान परम पुण्य, किंतु किसी भी स्थिति में कन्या बोझ नहीं है। योग्य वर से ही कन्या का विवाह किया जा सकता है। अयोग्य वर से कन्या का विवाह करने से अच्छा यही है जीवनभर कन्या अपने पिता के घर ही रहे (9:89)। उस पर भी यदि एक निश्चित आयु तक पिता एवं परिवार जन योग्य वर ढूँढ़कर कन्या का विवाह न कर सकें तो कन्या को यह अनुमति होती थी कि वह अपने लिए स्वयं वर खोज ले (9:90)। यदि परिजन विवाह न तय कर पाएँ तो ऐसी स्थिति में यदि वह स्वयं अपने पति का चयन करती है तो न तो उसका कोई दोष है न उसके पति का (9:91)।

पत्नी का गृहस्थी में स्थान : पति के घर में पत्नी का स्थान मानो घर की रानी का सा होता है। पति के सामर्थ्य भर सुख-सुविधाओं की वह अधिकारिणी होती है। पति के साथ-साथ घर के अन्य पुरुषों का भी कर्तव्य होता है कि मान, सम्मान, उपहार द्वारा वह उसे प्रसन्न रखें। संपन्नता के इच्छुक पति को चाहिए कि उत्सवों और त्योहारों पर वह पत्नी को जेवर, कपड़े, अच्छे भोजन से सम्मानित करे (3:59)। मनु कहते हैं कि पिता, भाई, पति और पति के भाई भी यदि अपना कल्याण चाहते हैं तो उनको चाहिए कि परिवार की स्त्रियों का सम्मान करें और उनको आभूषण आदि से सजाकर रखें (3: 55)। किसी भी ऐसे परिवार की उन्नति नहीं हो सकती, जिसमें स्त्रियों का सम्मान और सुख सुनिश्चित न किया जाता हो। जिस घर में स्त्रियाँ प्रसन्न न रहती हों, वहाँ से देवी-देवता भी अप्रसन्न होकर घर छोड़ देते हैं। पति और पत्नी के बीच का सामंजस्य ही उनके दैहिक-दैविक सुख की नींव होता है। जिस घर में पति, पत्नी से और पत्नी, पति से प्रसन्न रहते हैं, वहाँ

सदा समृद्धि निवास करती है (3:60)। पत्नी की प्रसन्नता में ही पूरे परिवार की प्रसन्नता है (3:62)। मनु कहते हैं स्त्री बहुत से सौभाग्य लानेवाली होती है, सम्मान की पात्र होती है, घर उससे ही प्रकाशित होता है, घर में श्री और स्त्री के बीच कोई अंतर नहीं होता है। बच्चों का जन्म, पालन-पोषण स्त्री पर ही निर्भर होता है, वह धर्म सम्मत अपने कर्तव्यों का पालन करते हुए पति के पूर्वजों तक के लिए सौभाग्य लाती है। परिवार की स्त्रियाँ जब उचित सम्मान नहीं पातीं तो उनके दु:ख से वह घर शापित सा हो जाता है (3:58)। पत्नी केवल पति की इच्छा से नहीं, अपितु देवताओं की इच्छा से मिली हुई होती है, अत: उसको प्रसन्न करके वह देवताओं को प्रसन्न रखता है। पत्नी के कर्तव्यों में पति की आय और व्यय का हिसाब रखना, धार्मिक कार्य करना, भी शामिल है (9:11)।

एक पत्नी अपने पति के प्रति पूर्ण निष्ठावान होती है और सतीत्व उसका सर्वोच्च गुण माना गया है। पति के प्रति एकनिष्ठा उसे इस लोक में सम्मान और मोक्ष दिलाती है, इसी प्रकार पति को पत्नी के प्रति पूर्ण निष्ठावान रहना होता है। किसी भी स्थिति में पुरुष के लिए परस्त्री से विमुख ही रहना श्रेयस्कर है (9:42)। मनु कहते हैं कि पति-पत्नी के बीच की पारस्परिक निष्ठा मृत्युपर्यंत रहनी चाहिए। साथ-साथ में वैदिक कर्मकांड करनेवाले पति-पत्नी को कभी अलग नहीं होना चाहिए और सदा निष्ठावान रहना चाहिए (1:101-2)। पति अपनी पत्नी के परामर्श और सहमति से गृहस्थी के निर्णय लेता है। पति का काम अर्थोपार्जन करना है तथा उस अर्थ का नियंत्रण पत्नी के पास होता है। पत्नी के बिना पति कोई धार्मिक अनुष्ठान नहीं कर सकता, यहाँ तक कि अगर किसी विशेष परिस्थिति में पति-पत्नी साथ न हों तो उसे अपनी पत्नी की मूर्ति बनवाकर साथ रखनी होती है, तभी उसका अनुष्ठान सफल होता है। इसी प्रकार बिना पति के साथ के पत्नी का किया कर्मकांड भी निष्फल होता है।

मातृत्व : मातृत्व स्त्री के लिए सुख और सौभाग्य का कारक माना जाता है। गर्भवती स्त्री को विशेष सम्मान और स्नेह मिलता है। उसकी शारीरिक

स्थिति को ध्यान में रखते हुए मनु कहते हैं कि ऐसी अवस्था में घर में आए अतिथियों से भी पहले वह भोजन की अधिकारिणी होती है। एक अन्य स्थान पर मनु कहते हैं कि अतिथि के बाद नवविवाहिता, गर्भवती और बच्ची को गृहस्वामी से पहले भोजन मिलना चाहिए (3:114)। दो महीने से अधिक की गर्भवती स्त्री से नौका वाले उतराई नहीं ले सकते हैं। गर्भावस्था में गर्भस्थ शिशु के साथ उसकी माँ के लिए भी खतरा होता है (8:407)। ऐसा नियम यह सुनिश्चित करने के लिए है कि किसी भी हालत में उस स्त्री को नदी पार जाने का साधन मिले। दो माह से पहले स्त्री शारीरिक रूप से इतनी कोमल नहीं हुई होती है, आज भी आधुनिक चिकित्सक कहते हैं की आठ सप्ताह के बाद गर्भ की रक्षा अत्यंत सावधानी से की जानी चाहिए, इसके बाद कोई भी दुर्घटना होने की स्थिति में शिशु के साथ माँ कि जान को खतरा होता है। माँ बनने के बाद संतान का पालन-पोषण उसका पहला कर्तव्य हो जाता है, इसके द्वारा वह आनेवाली पीढ़ी को दिशा देती है। माँ को प्रथम गुरु कहा जाता है। माँ का आदर करना संतान का कर्तव्य है। पिता के न रहने की स्थिति में माँ का ध्यान रखना पुत्र का कर्तव्य होता है, ऐसा न करने पर वह निंदा का भागी होता है (9:4)। किसी भी स्थिति में माँ का तिरस्कार और उपेक्षा घोर पाप है (8:389,3:157,11:60)। स्त्री, रोगी, भारवाहक, अधिक आयुवाले, विद्यार्थी, वर और राजा को पहले रास्ता देना चाहिए (2.138)।

स्त्री के प्रति राजा के कर्तव्य : स्त्री की सुरक्षा और सम्मान राज्य का उत्तरदायित्व होता है, स्त्री की हत्या करनेवाले और हत्यारे का साथ देनेवाले को विशेष दंड का प्रावधान है (9:232)। यदि कोई पतिहीन स्त्री की संपत्ति को छल-बल से छीनने का प्रयत्न करे तो उस स्त्री की संपत्ति की रक्षा राजा का कर्तव्य हो जाता है। ऐसी चेष्टा करनेवाले को दंड मिलता है, चाहे वह उस स्त्री का संबंधी ही क्यों न हो। यदि न्यायालय में स्त्रियों से संबंधित कोई मामला हो तो उसमें किसी स्त्री की साक्षी ही मानी जाए, ऐसा मनु का कथन है। इसके पीछे का तर्क यह भी हो सकता है कि उस समय में स्त्रियों और पुरुषों के कार्य क्षेत्र अलग-अलग थे और किसी स्त्री की स्थिति को स्त्री ही अच्छी तरह से

समझ सकती है। अन्य मामलों में भी स्त्रियों का साक्ष्य मान्य है। यह एक ऐसा नियम है जो किसी भी प्राचीन सभ्यता में नहीं मिलता है (8:68, 70)।

स्त्री की सुरक्षा तथा सम्मान के प्रति मनु अत्यधिक संवेदनशील हैं। यदि कोई निस्संतान, अस्वस्थ या विधवा की संपत्ति हड़पने का प्रयास करे तो राजा का कर्तव्य है कि वह उस स्त्री की संपत्ति की देखभाल करे, ऐसी स्त्री की संपत्ति हड़पने का प्रयास करनेवाला दोनों लोकों में दंड का भागी बने। किसी स्त्री की संपत्ति का अनाधिकार हरण कोई नहीं कर सकता, चाहे भले ही वह उसका संबंधी ही क्यों न हो, वह राजाज्ञा से दंड का भागी है (8:28-9)। मनु एक अन्य स्थान पर कहते हैं कि ऐसा करनेवाला व्यक्ति नरक में जाता है (3:52)। प्राचीनकाल से आज तक स्त्रियों के चरित्रहनन को उनके प्रति सबसे आसान और प्रभावशाली हथियार की तरह प्रयोग किया जाता रहा है। किंतु मनु इसका कठोरता से विरोध करते हैं और उस स्त्री को न्याय मिले, इसका भी प्रावधान करते हैं। यदि कोई व्यक्ति किसी स्त्री के चरित्र पर लांछन लगाता है तो उस स्त्री को न्याय पाने का अधिकार है। यदि वह पुरुष न्यायालय में उस लांछन को सिद्ध नहीं कर पाता है तो वह अपराधी है, उसको 100 पण का दंड भरना होता है (8:225)। किसी स्त्री को धोखे से अथवा नशा करवा के उसके साथ अनचाहा अभद्र व्यवहार करनेवाला पुरुष भी कठोर दंड का भागी होता है। यहाँ तक कि मना करने के बाद भी किसी स्त्री से उसकी इच्छा के विरुद्ध बात तक करने पर भी व्यक्ति को सुवर्ण मुद्रा का दंड भरना पड़ता है (8:361)। दुराचारी, दूसरे की पत्नी के साथ संबंध रखनेवाला पुरुष भयंकर दंड और देशनिकाले के योग्य होता है (8:352)। यदि कोई स्त्री किसी कन्या को बहला-फुसला के दुराचार में रत करवाती है तो ऐसी स्त्री को तत्काल सिर मुँडवाकर, गधे पर बिठाकर घुमाया जाए, ऐसा मनु का विधान है। स्त्रियों के साथ उनकी इच्छा के विरुद्ध छेड़छाड़ करनेवाला भी मनु के अनुसार दंड का भागी होता है। गुरु आश्रम में जहाँ हर आयु वर्ग के पुरुष विद्यार्थी रहते थे, गुरु पत्नी के साथ दुराचार का बड़ा कठिन दंड बताया गया है।

पर-स्त्री पर बुरी दृष्टि डालनेवाले को भी मनु अपराधी ही मानते हैं, ऐसे व्यक्ति को आर्थिक दंड और शहरबदर तक करने की सजा का प्रावधान करते हैं (8:352)। किसी स्त्री के प्रति सबसे घृणित अपराध बलात्कार हो सकता है, यह किसी अपराधी प्रवृत्तिवाले पुरुष की पाशविक मनोवृत्ति का फल होता है। ऐसी स्थिति में वह स्त्री दैहिक और मानसिक दोनों रूपों से पीड़ित होती है। आज भी इसे निर्दोष स्त्री के लिए कलंक के समान मानने की कुप्रथा है। दुनियाभर के देशों में बलात्कार के दोषी को कठोर दंड दिलवाने का कानून बनाने के लिए स्त्रियों ने एक लंबा संघर्ष किया है। ऐसी स्थिति में स्त्री को कुंठा और अपराधबोध न हो और वह सामान्य जीवन व्यतीत कर सके इसके लिए उसके साथ कैसा व्यवहार हो, इस पर मनोवैज्ञानिक, सामाजिक कार्यकर्ता, न्यायविद और नारीवादी प्रयास कर रहे हैं, लेकिन इसमें उनको आंशिक सफलता ही मिली है। मनु ने इतने समय पहले भी इस पर अत्यंत न्यायपूर्ण और संतुलित दृष्टिकोण रखा है। बलात्कार के अपराधी को मृत्युदंड मिले ऐसा मनु का विधान है (8:364)। एकाधिक बार बलात्कार का प्रयास मात्र करनेवाले पुरुष को लोहे की गरम शैया पर बैठाकर नीचे लकड़ियाँ एकत्र करके उसको जला देना चाहिए (8:372)। यह दंड सार्वजनिक रूप से देना चाहिए, जिससे और लोग इससे डरकर सबक सीखें, ऐसा मनु का कथन है। एक तरफ तो वे ऐसा अपराध करनेवाले पुरुष को मृत्युदंड तक की व्यवस्था बताते हैं, दूसरी और वे यह भी समझते हैं कि बलात्कृता स्त्री का इसमें कोई दोष नहीं है। वे मानते हैं कि पशुबल के समक्ष स्त्री का प्रतिरोध विशेष अर्थ नहीं रखता, अतः अन्य सभ्यताओं के विपरीत, उन्होंने बलात्कृता स्त्री के लिए कोई दंड नहीं रखा है, अन्यथा कुछ अन्य संस्कृतियों में तो ऐसी दुर्घटना की शिकार स्त्री को पत्थर मार-मारकर मार ही देने की प्रथा रही है, जो आज भी दुनिया के कुछ देशों में चल रही है। स्मृतिकारों ने यहाँ तक प्रावधान दिया कि ऐसी स्थिति में स्त्री रजस्वला होने के पश्चात् स्वयं ही पवित्र हो जाती है और उस दुर्घटना का उसकी प्रस्थिति पर कोई असर नहीं पड़ता। वसिष्ठ कहते हैं कि 'कुँवारी कन्या के साथ ऐसा हो भी जाए तो उसका

विवाह कुँवारी कन्या के समान ही होए।' स्त्री की हत्या और उसमें सहायता करनेवालों के लिए मनु ने अलग से मृत्युदंड की अनुशंसा की है (9:232)। स्त्री पर संतति बढ़ाने और भविष्य के नागरिक तैयार करने का महान् दायित्व होता है, अतः उसकी देखभाल तथा सुरक्षा भी आवश्यक है। जिस स्त्री का कोई संरक्षक न हो, राजा उसका संरक्षक होता है, राजा के होते हुए कोई उसका अहित नहीं कर सकता है।

संपत्ति पर अधिकार : कहा जाता है कि मनु ने स्त्रियों को पैतृक संपत्ति में अधिकार से वंचित किया है, ऐसा पूर्ण रूप से सही नहीं है। स्त्री को न केवल अपने पति की संपत्ति, अपितु अपने मायके की संपत्ति का भी अधिकार है।

सच है कि मनु के शास्त्र में पुत्र का बहुत अधिक महत्त्व है, क्योंकि वही तर्पण करता है, जिससे पूर्वजों और पिता का कल्याण होता है। यदि किसी के केवल पुत्री ही हो तो ऐसी स्थिति में मनु ने कहा है कि पुत्र और पुत्री दोनों व्यक्ति के लिए बराबर हैं और संपत्ति पर पुत्र और पुत्री का ही अधिकार है, उनके रहते संपत्ति और किसी के हाथ नहीं जा सकती है (9:130)। यहाँ तक कि पत्नी के विवाह से पहले से होनेवाले पुत्र को भी व्यक्ति की संपत्ति का भाग मिलने का प्रावधान है। पुत्र न होने पर पुत्री को पुत्रिका नियुक्त किया जा सकता है, इस स्थिति में पुत्री का पहला पुत्र पुत्रिकापुत्र कहलाता है। वह न केवल अपने नाना के लिए पुत्र वाले सभी कर्तव्य, जैसे अंतिम संस्कार, पिंडदान आदि करता है, अपितु पुत्र के समान ही उसकी संपत्ति का भी अधिकारी होता है (9:127-140)। ऐसा लगता है कि मनु संपत्ति को संतान के अलावा किसी और के हाथ नहीं जाने देना चाहते हैं। धर्मशास्त्रों में अधिकार कर्तव्य द्वारा निर्धारित होता है, अतः व्यक्ति की मृत्यु के पश्चात् जो उसका संस्कार तथा पिंडदान करे, वह ही उसका उत्तराधिकारी भी हो सकता है। स्त्रियों को अंतिम संस्कार और पिंडदान की अनुमति न होने से पुत्रिकापुत्र के माध्यम से संपत्ति पुत्री तक पहुँचाते हैं, यदि पुत्रिका नियुक्त करने के बाद किसी को पुत्र हो जाए तो भी ऐसी स्थिति में पुत्रिका के पुत्र के अधिकार

समाप्त नहीं होते। संपत्ति का बँटवारा उसी प्रकार होता है, जिस प्रकार दो भाइयों के बीच होता है, किंतु आयु में अधिक होने पर भी पुत्रिकापुत्र को ज्येष्ठ भाई के समान अतिरिक्त भाग नहीं मिलता था (9:112-114)। पुत्र न होने की स्थिति में संपत्ति निश्चय ही बेटी के परिवार में जाती है। यदि पुत्रिका की मृत्यु पुत्र होने से पहले ही हो जाए तो उस स्थिति में संपत्ति दामाद को मिलती है (9:135)। एक ओर तो मनु पुत्रहीन के लिए यह उपाय बताते हैं, दूसरी ओर इसी कारण से वह ऐसी कन्या को विवाह के लिए उपयुक्त नहीं मानते थे, जिसके कोई भाई न हो, क्योंकि ऐसी कन्या के पुत्रिका नियुक्त होने की संभावना होती है (3:11)।

दूसरा विवाह : यदि किसी स्त्री के संतान हो ही न, तो मनु उस स्थिति में पुरुष को पुनर्विवाह की अनुमति देते हैं, लेकिन साथ ही वह यह भी कहते हैं कि पुनर्विवाह पत्नी की अनुमति और सहमति से ही किया जा सकता है, इस पर इस बात का भी स्पष्ट निर्देश है कि पहली पत्नी के सम्मान और भरण-पोषण में कोई कमी न हो।

विवाह-विच्छेद : यद्यपि भारत में विवाह एक दिव्य बंधन माना जाता है, अतः विवाह-विच्छेद की परंपरा नहीं है, किंतु यदि विवाह का दिव्य संबंध कष्ट का कारण बन जाए तो बहुत विशेष परिस्थिति में मनु संबंध-विच्छेद की भी अनुमति देते हैं और पुनर्विवाह की भी (9:160,175)। यदि कोई स्त्री अपने पति से घृणा करती हो तो पति उसका त्याग कर सकता है, किंतु विवाह के कम-से-कम एक वर्ष के बाद ही वह ऐसा कर सकता है (9:77)। पत्नी के असाध्य बीमारी से ग्रस्त होने पर भी ऐसा ही प्रावधान है। एक वर्ष की अवधि में पत्नी को अपने कर्तव्यों का भान हो सकता है, उसकी आदतें सुधर सकती हैं या उसकी बीमारी का इलाज हो सकता है। ऐसा लगता है कि मनु एक वर्ष का समय पति और पत्नी दोनों को देते हैं कि वे संबंध को बनाए रखने का प्रयास कर सकें, यदि पत्नी मद्यप, दुराचारिणी, अवज्ञाकारिणी, असाध्य रोग से ग्रस्त, फिजूलखर्च हो तो पति दूसरी पत्नी ला सकता है (9:80)। यदि पत्नी सब प्रकार से अच्छी हो, किंतु किसी असाध्य

रोग से ग्रस्त हो तो पति दूसरा विवाह कर सकता है, लेकिन उसकी आज्ञा के बाद ही वह ऐसा कर सकता है, उस पर भी पति का कर्तव्य है कि वह पहली पत्नी के मान-सम्मान का पूरा ध्यान रखे और उसमे कोई भी कमी न आने दे (9:82), ऐसे में सभी पत्नियाँ एक पत्नी से उत्पन्न संतान की माताएँ होती हैं (9:183)। मनु कहते हैं कि संतानोत्पत्ति में अक्षम होने पर आठ वर्ष, संतान न जीवित रहने पर दस वर्ष, केवल पुत्री होने पर बारह वर्ष में पति अपनी पत्नी की आज्ञा से दूसरा विवाह कर सकता है, किंतु यदि पत्नी कर्कशा हो तो वह ऐसा तुरंत कर सकता है (9:81)। इसी प्रकार मनु पत्नी को भी यह अधिकार देते हैं कि यदि पति पागल, नपुंसक, किन्नर, असाध्य रोग से ग्रस्त हो तो वह उसको छोड़ सकती है (9:79)। ऐसे में वह स्त्री न तो असम्मान की पात्र होती है और न ही उसको संपत्ति से वंचित किया जा सकता है। मनु ऐसी स्थिति में स्त्री को पुनर्विवाह की भी अनुमति देते हैं (9:175)।

पुराने समय से पुरुष आजीविका की खोज में दूर देशों को जाते रहे हैं। निश्चय ही वहाँ की अनिश्चित परिस्थितियों में हमेशा पत्नी-बच्चों को लेकर जाना संभव नहीं होता था। आवागमन के साधनों की कमी के चलते उनका बार-बार लौटना भी संभव नहीं होता था। संचार के साधन तो थे नहीं, अतः पता ही नहीं चलता था कि वह जीवित भी है या नहीं। ऐसे में पत्नी के समक्ष दो परेशानियाँ आ सकती थीं। एक तो वह लंबे समय तक अकेले गृहस्थी चलाने के लिए धन का प्रबंध कैसे करे? दूसरे, अगर पति को गए बहुत समय हो गया हो तो वह कब तक पति के वापस आने की प्रतीक्षा में रहे। मनु ने स्पष्ट निर्देश दिया है कि जाते हुए पति का कर्तव्य है कि वह पत्नी के जीवनयापन का प्रबंध करके जाए, क्योंकि कितनी भी चरित्रवान स्त्री क्यों न हो, यदि उसके और उसके बच्चों के भूखे मरने की स्थिति आएगी तो वह करणीय-अकरणीय कुछ भी करेगी। ऐसी स्थिति में सबसे पहले तो यह व्यवस्था देते हैं कि धर्म के कार्य, समाज के कार्य से अथवा व्यापार के लिए घर से दूर जाने से पूर्व यदि पति, पत्नी के जीवनयापन की पर्याप्त व्यवस्था न करके जाए तो पत्नी को यह अधिकार है कि वह समाज में स्वीकृत किसी

कार्य को करके अपना जीवनयापन सम्मान के साथ करे। फिर भी यदि पति के आने की संभावना न हो या पत्नी के लिए जीवनयापन अकेले कठिन हो रहा हो तो वह पति के बंधन से मुक्त हो सकती है। अलग-अलग कार्यों के लिए गए पति की प्रतीक्षा अवधि भी अलग-अलग है। मनु के अनुसार व्यापार आदि सांसारिक कार्यों के लिए गए पति की प्रतीक्षा तीन वर्ष तक करनी चाहिए, यदि पति अपने सम्मान और ज्ञान की खोज में निकला है तो यह अवधि छह वर्ष की होनी चाहिए। धार्मिक कार्य के लिए गए पति की कम-से-कम आठ वर्ष तक प्रतीक्षा होनी चाहिए (9:74-76)। प्रतीक्षा की अवधि समाप्त होने के बाद पत्नी दूसरा विवाह कर सकती है। एक अन्य स्थान पर मनु ने परित्यक्ता, विधवा अथवा इच्छा से पुनर्विवाह करनेवाली स्त्री के पुत्र के लिए विधान बताया है, इससे स्पष्ट है कि भले ही कम होता हो, किंतु स्त्रियों के लिए पुनर्विवाह की संभावना होती थी। यदि किसी कन्या का विवाह तय हो जाए और वर की मृत्यु हो जाए तो मनु उसके देवर के साथ विवाह का प्रावधान भी देते हैं (9:69)।

विधवा की स्थिति : संबंधियों को एक-एक करके बिछड़ना ही होता है, पत्नी की तुलना में पति की आयु अधिक होने के कारण अकसर पति की मृत्यु पत्नी से पहले हो जाती थी। विधवा के जीवन को लेकर भी बहुत सी बातें समाज में प्रचलित होती हैं, बहुत से कठोर नियमों का भी प्रावधान है समाज में। जहाँ तक मनु का प्रश्न है, उनका मानना है कि विधवा स्त्री को अपने पति के प्रति निष्ठावान रहते हुए साध्वी का जीवन बिताना चाहिए, लेकिन मनु के नियमों को ध्यान से पढ़ा जाए तो ऐसा लगता है कि उनके नियम अलग-अलग श्रेणी के लिए लचीले हैं, जैसे कुछ स्थानों पर वह विधवा विवाह की भी बात करते हैं (9:175)। वे पुनर्विवाह में भी वधु के कई प्रकार बताते हैं—स्वैरिणी, क्षत कौमार्या, अक्षत कौमार्या आदि। न केवल मनु, याज्ञवल्क्य, नारद आदि ने भी ऐसे प्रावधान बताए हैं। इससे भी पता चलता है कि मनु विधवा-विवाह को मान्यता देते थे और उस समय इसका चलन था।

ऐसी स्त्री के लिए जिसके पति की निस्संतान ही मृत्यु हो गई है और वे

पुनर्विवाह भी करना नहीं चाहती हैं, उनके लिए वे नियोग द्वारा पुत्र प्राप्त करने का प्रावधान करते हैं। गोतिया के साथ नियोग कि आज्ञा मनु देते हैं, किंतु केवल एक बार नियोग की शर्त के साथ (9:59)। साथ ही वे यह भी कहते हैं कि नियोग के पश्चात् स्त्री और पुरुष में पूर्व रिश्ता ही रहना चाहिए (9:63)। नियोग प्रथा के पीछे मृत पति और उसके पूर्वजों के तर्पण का कारण बताया जाता है, किंतु वह तो पारलौकिक कारण है। इस लोक में तो यह संपत्ति संरक्षण और शेष जीवन काटने के लिए एक सहारे का ही प्रश्न है, क्योंकि नियोग द्वारा उत्पन्न पुत्र का स्त्री के पति की संपत्ति पर अधिकार होता है। ऐसी स्त्री अपने नहीं संतान के लालन-पालन के लिए गृहस्थी तो चलाएगी ही, अपने लिए धन-संपत्ति का भी प्रबंधन करेगी। यहाँ नियोग द्वारा पुत्र या पुत्री में से क्या प्राप्त हो इससे कोई अंतर नहीं पड़ता, क्योंकि यदि पुत्र न हो तो पुत्री का पुत्र भी अपने पुत्र के समान सारे पारलौकिक कर्तव्य पूर्ण कर सकता है। वे सबसे श्रेष्ठ उन स्त्रियों को मानते हैं, जो पति की मृत्यु के उपरांत पूर्ण साध्वी का जीवन व्यतीत करती हैं, यह पुरुषों के वानप्रस्थ के समकक्ष ही है। स्वाभाविक है कि मनु के लिए यह ही श्लाघ्य है। लेकिन इसको स्त्रियों के प्रति दुर्व्यवहार मानने से पहले देख लें कि भारतीय जीवन-दर्शन सदा से निर्वृत्तिपरक रहा है। जब मनु का आदर्श गृहस्थ अपने जीवन के चरमोत्कर्ष पर गृहस्थी छोड़कर वानप्रस्थ को चला जाता है और मनु उसको ही धर्म मानते हैं तो स्त्री को साध्वी जीवन जीने को वे क्यों नहीं महिमामंडित करेंगे ? मनु मानव मात्र की चरम उपलब्लि मुक्ति मानते हैं। साध्वी के समान रहनेवाली विधवा को भी वे वही स्थान देते हैं, जो मुक्ति के मार्ग पर चलनेवाले किसी और व्यक्ति को देते हैं। इसके अतिरिक्त विधवाओं की जो भी दुर्गति आज देखने को मिलती है, वह समाज की कुबुद्धिजन्य है, इसमें मनु का कोई दोष नहीं है।

पिता की संपत्ति पर अधिकार : सभी प्राचीन समाजों के समान कृषि प्रधान भारत में भी संपत्ति मुख्य रूप से खेत, पशु और जेवर ही होती थी। स्त्रियाँ विवाह करके दूसरी जगह चली जाती थीं, अतः सामान्यतः खेती में उनका हिस्सा नहीं होता था, यह कोई अनोखी प्रथा नहीं थी, जो केवल भारत

में होती थी और उसे केवल मनु मनवाते थे, जर्मनी में तो कुछ दशक पहले तक कानूनन खेत पर केवल बड़े पुत्र का हक होता था। परंतु इसका अर्थ यह नहीं था कि मनु के अनुसार पुत्री अपने पिता की संपत्ति में भागीदार नहीं होती थी। विवाह के समय उसको पर्याप्त चल-अचल संपत्ति उपहार के रूप में दी जाती थी और अविवाहित पुत्री को पिता की मृत्यु होने पर पिता की संपत्ति में से यौतुक के नाम पर हिस्सा मिलता था। यह हिस्सा सभी भाई-बहनों में बराबर नहीं बँटता था। भाइयों में भी बड़े भाई को अधिक भाग मिलता था। पिता के धन का बीसवाँ भाग बड़े को बेटे को, चालीसवाँ मँझले को, शेष सबमें बराबर बाँट दिया जाए ऐसा मनु ने प्रावधान किया है। शेष में से भी बड़े को अतिरिक्त भाग मिले और छोटे को उसका आधा (9:117)। अविवाहित बहन को भाई अपने में से चौथाई दें (9:118)। यहाँ हिस्से की असमानता के पीछे अन्य कारण अधिक महत्त्वपूर्ण हैं, पुत्र या पुत्री होना नहीं। माता-पिता की साझी संपत्ति में पुत्री का अधिकार होता ही है (9:191-2)। यदि कोई व्यक्ति बिना संतान के मर जाता है तो उसकी माँ को उसकी संपत्ति मिलती है, अगर माँ भी न हो तो उसकी संपत्ति उसकी दादी को मिलती है (9:217)। नानी अपनी संपत्ति प्रेमवश नातिन को दे सकती है, जिस पर कोई आपत्ति नहीं कर सकता है (9:193)। वैसे भी यदि स्त्री को अपने पिता के धन में से हिस्सा नहीं मिलता था, तो दूसरी तरफ उसके भाई की बहन भी तो अपना हिस्सा नहीं लेती तो उसको अपने ससुराल की संपत्ति बँटानी नहीं पड़ती। यहाँ पर यह ध्यान रखने की बात है कि पति और पत्नी को मनु अलग-अलग नहीं मानते हैं, बल्कि एक ईकाई ही मानते हैं, यदि किसी स्त्री का पति मर जाता है और वह निस्संतान है तो वह अपने किसी सगोत्री को गोद ले सकती है या नियोग द्वारा संतान प्राप्त कर सकती है (9:190)। इससे उसके पति की संपत्ति भी सुरक्षित हो जाती है।

स्त्रीधन : स्त्रीधन हिंदू समाज-व्यवस्था का एक विलक्षण तत्त्व है। किसी भी प्राचीन सभ्यता में स्त्रियों को ऐसा अधिकार नहीं दिया गया है कि उनके पास ऐसी संपत्ति हो, जो भले ही उन्होंने स्वयं कमाई नहीं हो,

लेकिन उस पर उनका पूर्ण अधिकार हो। मनु की समाज-व्यवस्था में दिए गए डिवीजन ऑफ लेबर का यह तार्किक परिणाम है। समाज के नियंताओं ने यह विधान किया कि स्त्री घर और बच्चे सँभालने का कार्य करेगी और पुरुष बाहर जाकर कमाने का। ऐसी स्थिति में स्त्री को क्या आर्थिक रूप से सुरक्षित होने का अधिकार भी न होगा? इसी सोच का परिणाम स्त्रीधन की संकल्पना थी। स्त्रीधन स्त्री का अपना धन होता है, जो उसको विभिन्न अवसरों पर प्राप्त होता है। यह पूर्णतः उसके अपने अधिकार में होता है और उसके पति का भी उस पर कोई अधिकार नहीं होता। संसार की सभी सभ्यताओं से पहले यह अधिकार भारत में स्त्रियों को मिला था। मनु ने इसके लिए स्त्रीधन, यौतक, धन, वसु, वित्त आदि शब्द प्रयोग किए हैं। इसमें गहने, भूमि, पशु, धन आदि आते हैं। माँ के स्त्रीधन पर भी या तो बेटी का अधिकार होता है या उसकी संतान का (9:132,192,194,198)। माँ या नानी-दादी के स्त्रीधन से मिली संपत्ति भी स्त्रीधन ही होती है। स्त्रीधन में विवाह, विदाई के समय मिला धन होता है। विवाह के समय, उसके बाद या उसके पूर्व परिजनों द्वारा मिले उपहार स्त्रीधन में आते हैं। पति द्वारा दिए गए उपहार और समय-समय पर ससुराल में संबंधियों द्वारा दिए गए उपहार भी स्त्रीधन में आते हैं (9:194)। माँ की मृत्यु की स्थिति में उसके स्त्रीधन पर पुत्री का अधिकार अधिक होता है (9:131)। पिता की संपत्ति में से यौतुक केवल अविवाहित कन्या को ही मिलता है, वह भी स्त्रीधन का ही भाग हो जाता है। कुछ ही स्थितियाँ ऐसी होती हैं, जब पुत्री अपने माता-पिता की संपत्ति से वंचित होती है। वह माता-पिता कर संपत्ति से वंचित होती, यदि उसका असुर, राक्षस या पिशाच विवाह हुआ हो। यह प्रावधान करने के पीछे उनकी मंशा यह ही लगती है कि उसके पिता की संपत्ति के लालच में कोई उससे छल या बल से विवाह न करे। कहीं भी स्त्रीधन पर पुत्रवधु के अधिकार की बात नहीं आती है, क्योंकि वह अपने पति के माध्यम से पैतृक संपत्ति पर पहले ही अधिकार पा चुकी होती है।

माँ बनने का अधिकार : एक क्रांतिकारी विषय पर यदा-कदा आवाज

उठती रहती है कि स्त्री की कोख पर किसका अधिकार हो और माता-पिता के साथ न होने की स्थिति में बच्चों का क्या हो ?

मनु ने शताब्दियों पहले इसका एक मानवतावादी समाधान दिया था। इसमें न केवल माँ को राहत देने का प्रयत्न था, बल्कि ऐसा प्रबंध करने का प्रयास किया था, जिससे ऐसे संबंधों से उत्पन्न बच्चे को भी कम-से-कम तकलीफ हो। मनु ने इस पर सीधे कुछ नहीं कहा, क्योंकि उनका उद्देश्य यथासंभव सुगठित और व्यवस्थित समाज की स्थापना था, मुद्दे खड़े करना नहीं, किंतु जब वे बारह प्रकार के पुत्रों और संपत्ति पर उनके अधिकार की बात करते हैं तो यह स्पष्ट होता है (9:160-180)। वे कहते हैं कि 'पिता की संपत्ति पर क्षेत्रज, अर्थात् नियोग द्वारा उत्पन्न पुत्र के अतिरिक्त सहोढ तथा कानीन पुत्र का भी अधिकार होता है। सहोढ पुत्र वह होता है, जो विवाह के समय ही स्त्री के गर्भ में होता है और कानीन पुत्र कौमार्यावस्था में उत्पन्न पुत्र होता है। पुनर्भव पुत्र का भी अधिकार पुरुष की संपत्ति पर होता है। पुनर्भव पुत्र उसे कहते हैं, जिसे उस पुरुष की विधवा नियोग के अतिरिक्त किसी अन्य संबंध से जन्म देती है। एक अन्य प्रकार का पुत्र गूढ़ोत्पन्न या गूढ़ज बताया है, इसे पत्नी, पति के अतिरिक्त किसी अन्य किसी अन्य पुरुष के साथ स्थापित करके या छिपे संबंध द्वारा प्राप्त करती है। इससे कई बातें दिखाई देती हैं, जैसे विधवा स्त्री का अपने पति की संपत्ति पर अधिकार की बात। नियोग को कुछ लोग घर की संपत्ति घर में ही रखने का साधन भी बताते हैं, किंतु पुनर्भव पुत्र को संपत्ति का अधिकार, चाहे वह आंशिक ही क्यों न हो, विधवा के पति की संपत्ति के अधिकार के रूप में पारिभाषित किया जा सकता है। यद्यपि मनु दांपत्य संबंधों में पूर्ण निष्ठा के पक्षधर हैं और निष्ठा के इस बंधन से पति और पत्नी दोनों को बाँधते हैं, फिर भी दुर्घटना, अज्ञान या वासना के वश में यदि किन्हीं कमजोर क्षणों में निष्ठा का बंधन कमजोर भी पड़े तो उसका फल न तो स्त्री को निरंतर भोगना पड़े और न ही उस निर्दोष बच्चे को भोगना पड़े, इसी का प्रबंध मनु करना चाहते हैं। स्त्री का अपनी कोख पर अधिकार हो, पति से उसको सभी अधिकार मिलें और उसको समग्रता से स्वीकार किया जाए,

समाज में ऐसे बच्चों को यथासंभव सामान्य जीवन जीने का अधिकार मिले, ऐसी मनु कि शुभेच्छा रही।

विवादास्पद प्रसंग : मनु के कुछ विवादित श्लोक हैं, जिनको लेकर नारीवादी उनसे खासा नाराज रहते हैं। उनमें से सबसे ज्यादा प्रचारित श्लोक वे हैं, जिनमें मनु कहते हैं कि स्त्री को बचपन में पिता के, युवावस्था में पति के और वृद्धावस्था में पुत्र के संरक्षण में रहना चाहिए। उसको किसी भी स्थिति में स्वतंत्र नहीं होना चाहिए। जीवनपर्यंत तथा जीवन के बाद भी पति के प्रति निष्ठावान होना चाहिए। यहाँ समस्या यह कि ये सभी श्लोक बिना संदर्भ तथा प्रसंग के यदेच्छा उठा लिए गए हैं। इस पूरे विमर्श को दो हिस्सों में बाँटना होगा। पहला तो स्त्री को आर्थिक आत्मनिर्भरता का मुद्‌दा है। सच है कि उस काल में स्त्रियों को वर्तमान समाज के अनुसार आर्थिक आत्मनिर्भरता नहीं होती थी, इसलिए उसको अपने पिता, पति अथवा पुत्र के साथ ही रहना चाहिए, ऐसा माना गया था। इसके लिए मनु के समग्र दृष्टिकोण को देखना होगा। पूर्व औद्योगिक काल में ऐसा विश्व में कहीं नहीं था। मनु समाज में श्रम के विभाजन के पक्षधर थे। परिवार में स्त्रियों को संतति, उसका पालन, घर का संचालन, वित्त का प्रबंधन कार्य दिए थे और पुरुषों को कमाने का कार्य दिया था। इसीलिए जब आप मनु को विस्तार में पढ़ते हैं तो स्पष्ट होता है कि पिता, पति या पुत्र को उन्होंने अच्छी तरह बताया है कि अपने जीवन में स्त्रियों के लिए अर्थोपार्जन ही तुम्हारा कर्तव्य है और उनकी आर्थिक आवश्यकताओं को पूरा करके आप उन पर कोई अहसान नहीं कर रहे हैं, अपितु अपना ही लोक-परलोक सुधार रहे हैं। यौतुक, दायज, स्त्रीधन आदि से मनु ने उसको आर्थिक रूप से सुरक्षित करने का भी प्रयास किया। उस कालखंड में ऐसी व्यवस्था भारत के अतिरिक्त विश्व में कहीं नहीं पाई जाती थी। यदि स्त्री अपने संबंधियों या कहें तो परिवार को छोड़कर अलग हो जाएगी तो वह किस प्रकार अपना भरण-पोषण कर सकेगी। यूँ भी मनु किसी के व्यवस्था से पृथक् होने के हक में नहीं थे। पूरे ग्रंथ में आपको यह दिखाई देगा कि जो भी व्यवस्था अथवा 'तंत्र' अलग होता है, उसका लोक-परलोक

दोनों वे बिगड़ा हुआ ही बताते हैं। चाहे वह स्त्री हो या पुरुष, राजा हो या विद्यार्थी, क्षत्रिय हो या ब्राह्मण।

विमर्श का दूसरा हिस्सा स्त्री की प्रकृति और प्रवृत्ति को लेकर है। मनु कहते हैं स्त्रियों में अमुक दुर्गुण होते हैं, अतः उनको धन, आभूषण आदि देकर प्रसन्न रखना चाहिए। इसको भी सही संदर्भ में देखने की आवश्यकता है। यह एक सापेक्ष कथन है। वे कह रहे हैं कि किसी भी हाल में तुम अपनी पत्नी को प्रसन्न रखो। यदि मनु के मत में पत्नी को सद्मार्ग में लालच से चलाया जा सकता होता तो वह पुरुषों को आदेश देते कि जैसे भी हो स्त्री को बाँधे रखो। वे कुछ अन्य मतों की तरह पुरुषों को यह आदेश नहीं देते कि वे एकाधिक विवाह करें, जिससे विधवाओं को भी पति मिल सके, क्योंकि संयमित तथा स्वतंत्र जीवन वह जी नहीं सकती और उसे धन-आभूषण का अत्यंत लालच है। लेकिन वह ऐसा नहीं कहते। उनकी दृष्टि में बिना पति के पत्नी चाहे तो तपस्विनी और साध्वी का जीवन भी जी सकती है और आवश्यकता पड़े तो अपना तथा अपनी संतान का लालन-पालन करने में भी वह समर्थ है। वे आगे कहते हैं कि किसी प्रकार से भी चौकसी कर ली जाए, स्त्री तो तब ही रक्षित होती है, जब वह स्वयं अपनी रक्षा करती है, अर्थात् वह स्वयं अपनी बुद्धि, विवेकवाली होती है। आगे के श्लोकों में उन्होंने स्त्रियों के जिन दुर्गुणों की बात की वह एक सामान्यीकरण नहीं है। वे तो यह ही कहते हैं कि यदि किसी की पत्नी स्वविवेक से रक्षित श्रेष्ठ स्त्री न भी हो तो भी उसको प्रकार-प्रकार से प्रसन्न रखना चाहिए, जिससे वह सही मार्ग पर रहे (9:12-17)।

मनु यह भी कहते हैं कि पुरुष कितना भी दुर्बल हो, वह अपनी स्त्री की रक्षा करे, लेकिन इस कथन पर नाराज होने से पहले यह तो देख लें कि यहाँ पर मनु पत्नी को स्वयं की रक्षा करने में अक्षम और दुर्बल नहीं कह रहे हैं। वे तो पति को उसका कर्तव्य करने के लिए प्रेरित कर रहे हैं। स्त्री से वह कभी नहीं कहते कि तुम अपनी रक्षा नहीं कर सकती। वे स्पष्ट कहते हैं कि स्वयं द्वारा रक्षित स्त्री ही वास्तव में रक्षित है। आज भी क्या पत्नियाँ अपनी पति से यह अपेक्षा नहीं करती हैं कि वह हर प्रकार के संकट में उनके साथ खड़ा

रहे? और कुछ नहीं तो वह अपनी पत्नी को नैतिक बल तो प्रदान करे ही?

मनु कहते हैं कि स्त्री उसी प्रकार की हो जाती है, जैसा उसका पति होता है। निश्चय ही विवाह के समय पति की तुलना में पत्नी कम आयु की कच्ची मिट्टी के समान होती थी, जब वह पिता के घर से पति के घर आती थी तो वह अपने से आयु में बड़े पति के संरक्षण में रहते हुए उसके जैसी ही तो हो जाएगी। स्त्री के संरक्षकों की सूची में उसकी माँ और सास का नाम भी आता है, जो स्वयं स्त्रियाँ हैं। इसका सीधा अर्थ यह है कि यहाँ संरक्षक होने के लिए मात्र पुरुष होना नहीं, अपितु आयुजन्य अनुभव भी एक विशेष गुण है। जहाँ तक स्त्री के चरित्र की कमजोरियों का प्रश्न है, यह समझना भारी भूल या इरादतन शरारत है कि मनु सोचते थे कि स्त्री के लिए पहरे बिठाकर सही मार्ग पर लाया जाना चाहिए। मनु ने एक से अधिक जगह पर कहा है कि स्त्री सन्मार्ग पर अपनी प्रवृत्ति के कारण चलती है। नातेदारों, पहरेदारों के द्वारा उसको गलत मार्ग पर जाने से नहीं रोका जा सकता है।

सती : राजा राममोहन राय ने सती प्रथा का विरोध करते हुए मनु के विधान को सती के प्रचलन का आधार बनाया था, जहाँ विधवा स्त्रियों के लिए आचार के नियम निर्धारित किए गए थे। यह भी एक अजब कहानी ही थी। पहली बात तो राजा राममोहन राय स्वयं को हिंदू नहीं मानते थे। ब्रह्म समाज के संस्थापक राम मोहनराय बाद में ईसाई हो गए थे और ब्रिटेन के एक कब्रिस्तान में अभी भी विश्राम कर रहे हैं। सामान्य परिस्थितियों में कभी भी सती होने की परंपरा नहीं थी और न ही यह शास्त्रसम्मत थी। वैदिक साहित्य से महाकाव्यों तक न तो पति के शव के साथ सती होने के उदाहरण मिलते हैं और न ही किसी को जबरन पति की चिता में जला देने के निर्देश ही मिलते हैं। रामायण तथा महाभारत जैसे ग्रंथों में पति की मृत्यु के बाद पत्नियों द्वारा लंबे समय तक राज्य चलाने के भी उदाहरण मिलते हैं। अपवाद स्वरूप माद्री तथा सुलोचना के दृष्टांत हैं। वह भी किसी परंपरावश नहीं अपितु ग्लानि तथा अतिशय प्रेम के वश किए गए कृत्य थे। सुलोचना को तो श्रीराम ऐसे कृत्य से विरत होने को समझाते भी हैं। हिंदू दर्शन में हर आत्मा अपने कर्मों

के अनुसार मरणोपरांत गति को प्राप्त होती है, अपने साथ कुछ भी नहीं ले जा सकती है, अपनी मरी हुई पत्नी को भी नहीं। शायद भारतीय संस्कृति पर यह इल्जाम लगाने की प्रेरणा उनको उन संस्कृतियों से मिली होगी, जहाँ पुरुष की विशाल कब्रों में उसके साथ उसकी पत्नियाँ और सेवक जीवित ही दफना दिए जाते थे। हाँ, सती और सतीत्व शब्द अवश्य प्रयोग में आते रहे हैं, किंतु उनका संबंध पति के प्रति कर्तव्यों पर निष्ठा से है, उसके शव के साथ जलने से नहीं। जान–बूझकर स्वयं को जलाकर मारने की घटनाओं का प्रथा के रूप में आरंभ मुसलिम आक्रांताओं के साथ जुड़ा है। भारत में सामूहिक सती तथा जौहर की घटनाओं में एक की बात समानता है कि ऐसी सभी घटनाएँ तभी हुईं, जब वहाँ के पुरुष विदेशी आक्रांताओं से परास्त होकर वीरगति को प्राप्त हुए थे। भारतीय राजाओं के आपसी युद्धों में जय–पराजय होने पर ऐसा नहीं होता था। मनु विधवा स्त्रियों के पति के पार्थिव शरीर के साथ जल मरने की बात भी नहीं करते हैं, यह विषय उनकी सोच में भी नहीं रहा।

मनु और भारतीय सामजिक दर्शन को बदनाम करने के लिए गढ़ा गया एक अन्य शब्द 'पितृसत्ता' है। यह भी यूरोप से उधार लिया गया शब्द है जिसका शुद्ध भारतीय व्यवस्था में कोई स्थान नहीं था। पश्चिम का महान् दार्शनिक प्लेटो का कहना है कि महिलाओं की आत्मा तुच्छ होती है। 50 वर्ष पहले तक वहाँ स्त्रियों को साक्ष्य तक का अधिकार नहीं था क्योंकि उनके सामाजिक चिंतक मानते थे कि स्त्रियों में सोचने की क्षमता नहीं होती। गोरे महापुरुषों तथा उनके काले अनुयायियों ने सहज ही सोचा कि यदि महान् पश्चिम में कोई बुराई है तो इस काले देश में ऐसा क्यों न होगा। इस प्रकार मातृशक्ति के उपासक इस समाज को पितृसत्ता की सूली पर टाँग दिया गया।

□

5

मनु की राज्य-व्यवस्था

भारतीय समाज के निर्माताओं ने अपनी बनाई हुई समाज रचना के साथ मिली हुई सुव्यवस्थित और सुयोजित राज्य-व्यवस्था भी तैयार की थी, जिससे इस राज्य-व्यवस्था से रक्षित और वर्धित यह समाज रचना व्यक्ति और समाज, दोनों की आध्यात्मिक और भौतिक उन्नति करने में समर्थ हो सके तथा संसार के समक्ष एक सुगठित आदर्श जीवन का चित्र प्रस्तुत कर सके।

साधारण तौर पर राज्य एक सुनिश्चित भू-भाग, जिसकी सीमाएँ निश्चित हों, जिसके स्थायी नागरिक हों, जोकि राजनीतिक रूप से संगठित हो, जो अन्य राज्यों के साथ संबंध रखने में स्वतंत्र हो, जिसे अपने नागरिकों को नियंत्रित करने के अधिकार हों—को कहा जा सकता है।

मनु ने राज्य के सात अवयव बताए हैं—स्वामी, आमात्य, पुर, राष्ट्र, कोष, दंड तथा मित्र। राज्य के ये सात अंग परस्पर निर्भर होते हैं, जिस प्रकार तीन डंडे मिलकर एक-दूसरे को सहारा देते हुए खड़े रहते हैं, उसी प्रकार राज्य के ये सात अंग परस्पर सहारा देते हुए राज्य को स्थायित्व और स्थिरता देते हैं, इनमें से प्रत्येक पहले वाला अपने बाद वालों से ज्यादा महत्त्वपूर्ण होता है और इसी क्रम में इनका नुकसान राज्य पर आपदा लाता है, फिर भी इनमें से प्रत्येक की अपनी उपयोगिता है (9:294-6)।

निश्चित ही मनुष्य के इतिहास में आरंभ से ही राज्य जैसी जटिल व्यवस्था नहीं रही होगी। राज्य की उत्पत्ति मानव सभ्यता के किस बिंदु पर किस कारण से हुई, यह निश्चित तौर पर नहीं कहा जा सकता। दुनियाभर के विद्वान् इसकी

कई वजहें बताते हैं, जैसे सामाजिक समझौते, उद्विकास, शक्ति का केंद्रीकरण या दैवी हस्तक्षेप। भारतीय दर्शन में राज्य की उत्पत्ति दैवी मानी जाती है। मनु ने कहा है कि सृष्टि के आरंभ में सभी धर्म के मार्ग पर चलनेवाले होते थे, अतः राजा की कोई जरूरत ही नहीं थे, किंतु जब लोगों में धर्म का लोप हो गया तो ब्रह्माजी ने राज्य की स्थापना कर न्याय को प्रतिष्ठित करने के लिए राजा बनाया। मनु भी कहते हैं कि राजा (या राज्य के प्रतीक) के अभाव में संपूर्ण समाज में भय व्याप्त हो जाने के कारण प्रभु ने सभी की रक्षा के लिए राजा का सृजन किया (7:3)। यहाँ पर एक चीज राजा की अन्य दर्शनों में जो अवधारणा मिलती है, उससे भिन्न है। यहाँ राजा की उत्पत्ति तो अवश्य दैवी है, किंतु राजा स्वयं दिव्य सत्ता नहीं है। राजा यदि धर्म से च्युत हो जाए तो वह भी दंड का भागी होता है। राजा स्वयं राज्य के अंगों में से एक है, राज्य सत्ता की अभिव्यक्ति है। राजा स्वयं दंड के अधीन है, दंड ही वास्तविक शासक है। धर्म के मार्ग से च्युत राजा को भी दंड दिया जा सकता है। प्रजातंत्र का जन्म होने से बहुत पहले मनु ने यह व्यवस्था दी थी, जिससे राजा के तानाशाह होने की संभावना न रहे।

राजा की उत्पत्ति दैवी माने जाने के साथ यह भी बताया जाता है कि राजा स्वयं भी देवताओं के अंश से उत्पन्न होता है। मनु के अनुसार, इंद्र, वायु, यम, सूर्य, अग्नि, वरुण, चंद्रमा और कुबेर इन आठ देवताओं के अंश से राजा की उत्पत्ति होती है (7:4,9:303)। उसमें इंद्र के समान वीरता, वायु के समान क्षिप्रता, यम के समान न्याय, सूर्य के समान तेज, अग्नि के समान ऊर्जा, चंद्रमा के समान शीतलता और कुबेर के समान धन-संग्रह की योग्यता होनी चाहिए। राजा यदि बालक हो तो भी उसकी अवहेलना नहीं करनी चाहिए (7:8), किंतु यह सब राजा को प्रसन्न करने या उसको निरंकुश करने के उद्देश्य से नहीं कहा गया है। देवताओं के अंश से उत्पन्न होने के कारण ही राजा से उन देवताओं से जुड़े दिव्य गुणों की भी अपेक्षा की जाने लगती हैं। यह बात मनु ने एकाधिक बार कही है। देखा जाए तो मनु राजा को अपने गुणों के अनुरूप आचरण का जो उपदेश दिया है, वही राजा की स्वेच्छाचारिता की

सीमा बन जाता है तथा यही राजा का धर्म बन जाता है। राजा इस धर्म का अतिक्रमण करने का अधिकार नहीं रखता है, क्योंकि ऐसा करने से वह अपने देवत्व से च्युत होकर न केवल राजा रहने की योग्यता खो देता है, अपितु दंड का भी पात्र हो जाता है।

एक राजा के लिए मनु ने कठिन नियम बनाए हैं, यहाँ तक कि उसकी नित्य की जीवनचर्या भी उन्होंने बताई है। जैसा कि मनु सदा करते हैं, वे राजा के अधिकार के साथ उसके कठिन कर्तव्य भी बताते हैं। राजा का प्रमुख कर्तव्य अपनी प्रजा की रक्षा है, क्योंकि जो फल का भोग करता है, उसे कर्तव्य भी निभाना होता है (7:144)। इस प्रकार राजा का जीवन भी एक प्रकार की तपस्या बन जाता है। यह ठीक उसी प्रकार है, जिस प्रकार मनु के मत से एक ब्राह्मण या शूद्र का जीवन कर्तव्यपूर्ति के लिए ही होता है। मनु ने राजा के लिए एक अनुशासित दिनचर्या बताई है। राजा को रात्रि का एक प्रहार रहते ही जाग जाना चाहिए। तत्पश्चात् व्यक्तिगत शुद्धिकरण करके एकाग्र मन से हवन आदि करे। उसके बाद ब्राह्मणों का सत्कार करे, फिर शुभ चिह्नों से युक्त सभागार में प्रवेश करे, वहाँ दर्शनों के लिए एकत्र प्रजा का समुचित अभिवादन करके उनको भेज दे, उनके जाने के बाद मंत्रियों के साथ मंत्रणा करे। पहाड़ की चोटी, छत या किसी अन्य निर्जन स्थान पर मंत्रणा करनी चाहिए, जहाँ कोई उनको छुपकर देख या सुन न सके। वह आंतरिक और बाह्य सुरक्षा, राज्य, कोष, प्रशासन आदि विषयों पर मंत्रणा करे। मध्याह्न काल या मध्य रात्रि में, जब उसकी थकान उतर चुकी हो, वह मंत्रियों के साथ या अकेले ही धर्म, अर्थ और काम का चिंतन करे (7:145-151)।

जैसा कि भारतीय सामाजिक दर्शन और चिंतन के अध्ययन से बारंबार स्पष्ट होता है कि यह पूर्णतः धर्मोन्मुख है। भारतीय समाज और चिंतन की धुरी ही धर्म है। धर्म की स्थापना के उद्देश्य की पूर्ति के लिए राजा मात्र साधन है। धर्म की स्थापना के लिए दंड आवश्यक है और दंड धारण करने के लिए राजा की आवश्यकता होती है (7:14)। मनु तथा उनके जैसे अन्य चिंतक मानते हैं कि दंड की मर्यादा के बिना धर्म और न्याय की रक्षा संभव

नहीं और दंड धारण करने के लिए भी किसी की तो आवश्यकता होगी ही, लेकिन वे स्वेच्छाचारी और निरंकुश राजा की संभावना को समाप्त करने के लिए राजा को भी दंड के अधीन कर देते हैं। उसके अधिकार उससे अपेक्षाओं के अनुरूप ही हैं। राजा तभी तक राजा है, जब तक वह देवतुल्य गुणों से युक्त हो और धर्म की स्थापना और रक्षा के लिए राज्य चलाए। राजा को इंद्रियजित होना चाहिए, क्योंकि जो अपनी ही इंद्रियों को नियंत्रित नहीं कर सकता वह प्रजा या शत्रुओं को क्या नियंत्रित करेगा (7:44)। राजा दंड देने का अधिकारी होता है, क्योंकि वह काम, क्रोध, लोभ, मोह, मद, मत्सर इन छह शत्रुओं से मुक्त होता है और अपनी इंद्रियों को वश में रखता है। उसका काम, क्रोध आदि विकारों से रहित होना भी आवश्यक है, क्योंकि काम के वशीभूत राजा धर्म और अर्थ दोनों की उपेक्षा करता है (7:53, 7:45-46)। उसको शुचितापूर्ण आचार-व्यवहार वाला सत्यनिष्ठ, अपनी प्रतिज्ञा का पालन करनेवाला शास्त्रानुकूल आचरण का ज्ञाता होना चाहिए (7:31)। राजा को वेदों, वार्त्ता तथा दंडनीति का भी ज्ञाता होना चाहिए (7:43)। इस सब व्यक्तिगत गुणों के साथ उसको सदैव बुद्धिमान सहायकों वाला होना चाहिए। मनु तो यहाँ तक कहते हैं कि प्रजा को कष्ट देनेवाला राजा बंधु-बांधवों समेत वैसे ही नष्ट हो जाता है, जैसे प्राण निकलने के बाद शरीर नष्ट हो जाता है। यह मनु की ही विशेषता है कि वे समाज के सर्वाधिक प्रभावशाली व्यक्ति को भी तपस्वी के समान जीवन जीने का परामर्श देते हैं।

आमात्य : आमात्यगण या मंत्रीपरिषद् राज्य-व्यवस्था के प्रमुख अवयवों में से एक है। राजा का कर्तव्य है कि वह मंत्रिपरिषद् के परामर्श के अनुरूप कार्य करे। मनु कहते हैं कि उपयुक्त सहायकों या मंत्रियों के अभाव में राजा शासन का कठिन कार्य नहीं कर सका है (7:55)। मनु ने मंत्रियों की संख्या का भी निर्धारण किया है, क्योंकि न तो बहुत बड़ा मंत्रिमंडल होना उचित है और न ही बहुत कम मंत्रियों का मंडल उचित है। वे कहते हैं कि यद्यपि राजा आवश्यकतानुसार मंत्रियों की संख्या का चयन करे, किंतु मंत्रिपरिषद् में सात से आठ मंत्री होने चाहिए (7:54)। यद्यपि

मंत्रियों का चयन राजा की मरजी से होना है, किंतु मनु उसके कुछ मानक भी बताते हैं। वे कहते हैं कि राजा को सात या आठ ऐसे व्यक्तियों को मंत्री नियुक्त करना चाहिए, जो कुलीन, शास्त्रज्ञ, वीर, दृढ़-संकल्प, वंश परंपरा से राष्ट्रभक्त हों (7:54)। इसके साथ-साथ मंत्री को भरोसे का व्यक्ति होना चाहिए और नियुक्ति से पूर्व उसके गुणों की भली-भाँति परीक्षा भी हो जानी चाहिए। उसको धन-संग्रह के लिए आवश्यकतानुसार अन्य अधिकारियों की भी नियुक्ति करनी चाहिए, जो बुद्धिमान् चतुर, उत्साही, कार्य विशेष के लिए योग्य और ईमानदार हों (7:60,61)। मंत्रणा का स्थान गुप्त होना चाहिए। अधीर प्रवृत्ति के, आकुल, व्यक्तियों को मंत्रणास्थल से दूर रखना चाहिए। मनु यहाँ तक कहते हैं कि मनुष्य जैसी आवाज निकाल सकनेवाले पक्षी, जैसे तोता या मैना को भी मंत्रणा-स्थल से हटा देना चाहिए, क्योंकि इससे भी गोपनीयता भंग होने का भय होता है (7:50)। यद्यपि मनु ने इस बात पर विशेष बल नहीं दिया है, किंतु ऐसा लगता है कि वे आमात्य ब्राह्मण हो ऐसा सोचते हैं। अधिकतर मामलों में आमात्य को शास्त्रज्ञ होना चाहिए, अब पुनः वही दृष्टि का अंतर आ जाता है। आलोचक कहते हैं कि वे शूद्रों को आमात्य बनाने का विरोध करते हैं, लेकिन मनु जो कहना चाहते हैं, वह यह है कि जो शास्त्रज्ञ न हो वह ब्राह्मण ही नहीं है, अतः उसको आमात्य न बनाया जाए। निश्चय युद्ध या ऐसे अन्य मामलों के लिए आमात्य परिषद् में अन्य वर्णों की भी उपस्थिति वांछनीय होती थी।

राजदूत : मनु ने दूत की नियुक्ति पर विशेष विस्तार से लिखा है, क्योंकि उसके कार्य क्षेत्र में दूसरे राजाओं के राज्यों में जाकर उसी प्रकार के कार्य आते हैं, जैसे वर्तमान समय में राजदूत करते हैं। इस प्रकार से अलग-अलग कार्यों के लिए चुने जानेवाले कर्मचारियों के कर्तव्यों और उनकी नियुक्ति का आधार क्या होना चाहिए, इस पर मनु ने विस्तार से लिखा है।

पुर : पुर या दुर्ग का महत्त्व युद्ध विज्ञान में अभी भी बताया जाता है, अब यद्यपि पहले जैसे दुर्ग नहीं बनते हैं, किंतु उसी उद्‌देश्य से बनाए जानेवाले ठिकाने आज भी महत्त्वपूर्ण होते हैं। दुर्ग ऐसे भवन होते हैं, जो

युद्धकाल में राज्य की रक्षा के लिए काम आते हैं और शांतिकाल में शासन के। दुर्ग में सैनिकों और अस्त्र-शस्त्र रखने का पर्याप्त प्रबंध होता था। मनु ने इसके विषय में बहुत विस्तार से नहीं कहा है, क्योंकि यह जनसामान्य के मतलब की बातें नहीं थीं। मनु कहते हैं कि उचित स्थान का चुनाव करके राजा अपनी सुरक्षा के लिए एक दुर्ग बनाए, जो कि या तो पहाड़ की चोटी पर हो या फिर रेगिस्तान या जल से घिरा हुआ हो और या फिर घने जंगलों के बीच हो या स्वाभाविक रूप से बने पत्थरों और चट्टानों के बीच हो। ऐसा करने से दुर्ग की भौगोलिक स्थिति भी एक प्रकार का सुरक्षा कवच बन जाती है। इनमें से पहाड़ की चोटी पर बना हुआ दुर्ग श्रेष्ठ माना जाता है, क्योंकि रेगिस्तान, जंगल या पानी से घिरे दुर्ग में रहनेवालों को जंगली जानवरों या पानी में रहनेवाले खतरनाक जीवों से खतरा होता है। सबसे श्रेष्ठ दुर्ग वह है, जो आसपास रहनेवाले वीर सैनिकों से घिरा होता है। ऊँचाई पर बने दुर्ग की दीवार पर तैनात एक सैनिक शत्रु के सौ सैनिकों के बराबर होता है। इसीलिए मनु पहाड़ की चोटी पर बने हुए दुर्ग को सर्वश्रेष्ठ मानते हैं। वे आगे कहते हैं कि उस दुर्ग में प्रचुर मात्रा में अनाज, अस्त्र-शस्त्र, धन, मालवाहक पशु, चारा, पानी, यंत्र, कारीगर और ब्राह्मण होने चाहिए। ऐसे दुर्ग के बीच में एक सुंदर, सुविधापूर्ण भवन में राजा का निवास होना चाहिए (7:70-76)। आज भी जो पुराने दुर्ग भारत में मिलते हैं, वे इन्हीं सिद्धांतों पर बने हुए होते हैं। निश्चय ही जब मनु राज्य के प्रमुख उपादानों में दुर्ग की गणना करते हैं तो उनके ध्यान में राजा के महल वाले दुर्ग के अतिरिक्त अन्य दुर्ग भी रहे होंगे।

कोष : कोष के संदर्भ में मनु ने मुख्य रूप से कोष को भरने, खर्च करने और उसकी सुरक्षा के विषय में बताया है। कोष भरने के तीन तरीकों पर मनु बात करते हैं। मनु के अनुसार, राजा को अपनी सीमाओं के विस्तार के लिए प्रयास करते रहना चाहिए और युद्ध में पराजित शत्रु के संसाधनों से अपने कोष भरने चाहिए। मनु कहते हैं कि राजा के पास जो नहीं है, उसको पाने का प्रयत्न करे, जो पा लिया, उसे सुरक्षित करे और जो सुरक्षित कर लिया उसको बढ़ाने का प्रयास करे (7:99)। संपत्ति और राज्य दोनों यदि

बढ़ाने का प्रयास न किया जाए तो घटने लगते हैं। इसके अलावा, युद्ध में सैनिक जो भी धन पाएँ, उसका भी एक भाग उनको राजा को देना होता है। मनु कहते हैं कि राज्य की संपत्ति का इस प्रकार निवेश करना चाहिए, जिससे उसमें वृद्धि हो (7:101)।

मनु ने राज्य के कोष को भरने के दो मुख्य उपाय बताए हैं—युद्ध द्वारा दूसरे राज्यों की संपत्ति ले लेना तथा कर संग्रह। मनु कहते हैं कि राजा को लगातार अपने देश की सीमाएँ बढ़ाते रहने का प्रयत्न करते रहना चाहिए और वहाँ से प्राप्त धन को अपने कोष में ले लेना चाहिए। राजा को व्यापार द्वारा भी संपत्ति बढ़ाने का प्रयास करते रहना चाहिए। व्यापार या तो बढ़ता है या फिर घटने लगता है तो मनु का यह संदेश सभी के लिए है कि अपने आर्थिक स्रोत में निरंतर बढ़ोतरी का प्रयास करते रहना चाहिए। राजा को प्रयास करना चाहिए कि जो उसके पास नहीं है, उसको पाने की कोशिश करे और साथ ही जो कुछ उसके पास है, उसको बचाने की कोशिश करता रहे। उसको संग्रहित धन को भी बढ़ाने की कोशिश करनी चाहिए और उसका इस प्रकार निवेश करना चाहिए कि वह और बढ़े (7:99)। राजा को सभी प्रकार की आर्थिक गतिविधियों और उनकी कार्यप्रणाली की सामान्य जानकारी होनी चाहिए। उसको दुर्भिक्ष आदि संकटों के लिए कुछ धन अलग करके रखना चाहिए।

कोष भरने का तरीका कर की वसूली भी है। मनु कहते हैं कि जिस प्रकार जोंक, बछड़ा और मधुमक्खी थोड़ा-थोड़ा करके अपना भोजन इकट्ठा करते हैं, उसी प्रकार से राजा को अपनी प्रजा से थोड़ा-थोड़ा करके वार्षिक कर लेना चाहिए (7:129)। मनु ने कर वसूली पर बहुत विस्तार से लिखा है। कर वसूलनेवाले अफसरों की नियुक्ति, उनके अधिकार, विभिन्न व्यवसायों के लिए कर की दर और कर देने से बचनेवाले के लिए दंड, इस सब का वर्णन मनु ने किया है। कर के अलग-अलग स्लैब्स व्यवसाय और कर लगाए जाने माल की कीमत के अनुरूप होते थे, जैसे सोने और मवेशी की बिक्री पर पचासवाँ भाग कर के रूप में लिया जा सकता है, खेती की फसल का आठवाँ, छठा या बारहवाँ हिस्सा करके रूप में लिया जा सकता है। पेड़, दूध,

घी, शहद, इत्र, औषधीय जड़ी-बूटियाँ, भोजन में डालनेवाले सुगंधित पदार्थ, फूल, खांड, फल, पत्ते, साग, चमड़ा, मिट्टी और पत्थर के तैयार सामान पर छह प्रतिशत कर लेने की बात मनु कहते हैं (7:130-2)। मछुआरे, शिल्पी तथा अन्य कार्य करनेवाले शूद्रों से कर के रूप में धन लेने का प्रावधान मनु ने नहीं किया है, उनको कर के रूप में महीने में एक बार राज्य के काम करने होते थे (7:138)। मनु ने अध्यापन और धार्मिक कृत्य करवानेवाले ब्राह्मण को कर से मुक्त रखा है, क्योंकि वे अध्यापन और धार्मिक कृत्य को व्यवसाय की तरह करने की अनुमति ही नहीं देते हैं। ये कुछ उदाहरण हैं, जिनसे यह समझ में आ जाता है कि मनु ने कितनी सूक्ष्मता से कर की दर पर ध्यान दिया है। मनु यह भी कहते हैं कि आपात्काल में क्षत्रिय राजा सामान्य दिनों से अधिक कर ले सकता है, लेकिन जैसा कि मनु महाराज का दृढ़ विचार है कि किसी भी विशेषाधिकार के साथ विशेष कर्तव्य भी आते हैं, वे आगे कहते हैं कि आपात्काल में अधिक कर लेनेवाले राजा का कर्तव्य है कि वह किसी भी हाल में, कोई भी कीमत देकर कर देनेवाले समुदाय की रक्षा करे। जब मनु के अनुसार राजा कर वसूली के अधिकारी नियुक्त करेगा, कर के बदले सुविधाएँ देगा, तो करदाता का भी कर्तव्य हो जाता है कि वह कर की चोरी न करे। ऐसा करने की स्थिति में मनु ने कर संकलन के स्थान से बच के निकलने या कर से बचने के लिए गलत हिसाब बताने का प्रयास करनेवाले पर वास्तविक कर का आठ गुना दंड देने की व्यवस्था बनाई है (8:400)। कर के छः प्रकार हैं—बलि, शुल्क, तस्कर, पशु कर, शिल्पी एवं श्रमिक कर। बलि उपज पर लगनेवाला उपज का छठा भाग है।

मनु कहते हैं कि जो राजा राज्य के आय-व्यय, कोष, खान का ध्यान रखता है और ढाँचागत सुधार और निर्माण करता है, वह स्वर्ग जाता है। मनु ने एक कल्याणकारी राज्य की कल्पना की है।

अर्थव्यवस्था : मनु ने अत्यंत व्यवस्थित तरीके से अर्थव्यवस्था के बारे में बताया है। मनु की वर्णित अर्थव्यवस्था में आधुनिक अर्थशास्त्र के लगभग सभी उपादान मिलते हैं, लेकिन मनु-चाणक्य अदि अर्थशास्त्र शब्द

का प्रयोग केवल आर्थिक गतिविधियों के लिए नहीं करते हैं, उसके अंदर पोलिटी (POLITY) का वर्णन भी मिलता है। इसमें राजकोष में धन के आने, उसके खर्च, प्रजा की आमदनी, कर, आर्थिक गतिविधियों के सुचारु चलने के लिए आवश्यक कानून एवं सुविधाओं आदि का विवरण मिलता है। इसको हम यदि आधुनिक अर्थव्यवस्था के बराबर का नहीं कह सकते हैं तो यह अवश्य कह सकते हैं कि इसमें आधुनिक अर्थव्यवस्था बीजरूप में मिलती है। यह चार पुरुषार्थों में से दूसरा और चार आश्रमों में दूसरे, गृहस्थ आश्रम में साध्य है, मनुष्य रजोगुण से युक्त होकर इसकी प्राप्ति का प्रयास करते हैं। अर्थ भी अंतिम पुरुषार्थ मोक्ष तक पहुँचने की सीढ़ी ही बनता है। 'अर्थ' भौतिक आवश्यकताओं की पूर्ति का धर्मसंगत मार्ग है।

मनु द्वारा प्रतिपादित अर्थव्यवस्था को समझने के लिए आवश्यक है कि हम प्राचीन चिंतकों के अर्थ को लेकर दृष्टिकोण की पृष्ठभूमि के साथ इसको देखें। साथ ही हम इस तथ्य को भी न भूलें कि प्राचीन भारतीय दर्शन धर्म पर आधारित था। धर्म ही वह धुरी है, जिस पर प्राचीन भारतीय दर्शन फंक्शन करता था। बिना नैतिक मूल्यों के किसी भी व्यवस्था को चलने की भी कल्पना भारतीय चिंतक नहीं कर सकते। उदाहरण के लिए मनु कहते हैं कि स्नातक को चाहिए कि कभी भी अपने मूल कर्तव्य 'स्वाध्याय' के विपरीत या धर्म विरोधी तरीके से धनार्जन न करे और संतोषी रहे (4:17)। प्राचीन भारतीय सामाजिक चिंतकों और मनु ने अर्थशास्त्र के विषय में क्या कहा है, उसको समझने और एप्रिशिएट करने के लिए अर्थ की उनकी अवधारणा को देखना होगा। यह संपूर्ण धर्माधारित व्यवस्था का एक अंग और व्यक्तिगत स्तर पर साधन है, साध्य नहीं। इसके उलट आधुनिक चिंतन अर्थ को और आर्थिक गतिविधियों को ही समाज की धुरी मानता है जो कि ग्रीक के शब्द 'OIKONOMIKE', जिसका अर्थ घर का प्रबंधन है, से चलते हुए आज की इकोनॉमिक्स या पोलिटिकल इकोनॉमिक्स बनकर आधुनिक समाज और राज्य दोनों की रीढ़ बन चुकी है।

प्राचीन भारत की संपूर्ण अर्थव्यवस्था वर्ण-व्यवस्था की अनुगामिनी

रही है। इसी के अनुसार सारे वर्णों के कर्तव्य निश्चित कर दिए गए थे और सामान्यत: सभी वर्णों की कर्म प्रणाली भी एक-दूसरे से भिन्न थी। इससे समाज में एक प्रकार की विशेषज्ञता विकसित हुई। ऐसा माना जाता था कि इस व्यवस्था में सब अपना काम दक्षता और व्यवस्था के साथ करते हुए अपना और समाज का उन्नयन करते थे।

मनु ने आर्थिक गतिविधियों से संबंधित जो भी निर्देश दिए हैं, वे राज्य की अर्थ-व्यवस्था के दृष्टिकोण से दिए हैं।

उत्पादन तथा वितरण प्रणाली : प्राचीन भारत में उत्पादन तो था, किंतु आज की तरह कारखाने या भारी उद्योग नहीं थे। कृषि के अतिरिक्त ज्यादातर उत्पादन व्यक्तिगत कौशल का परिणाम होता था। उत्पादन प्रणाली में सीधे-सीधे आरक्षण और स्तरीकरण की व्यवस्था थी। वर्ण-व्यवस्था पर आधारित उत्पादन प्रणाली में उत्पादन करनेवाले वंशानुगत दक्षता के कारण उत्पादन को सहज ही उत्कृष्ट स्तर तक ले जा सकते थे। उस समय की पूरी-की-पूरी अर्थ-व्यवस्था ही कृषि पर ही आधारित थी। कृषि के अतिरिक्त पशुपालन भी एक बड़ा व्यवसाय माना जाता था। मनु कहते हैं कि यह राजा का कर्तव्य है कि वह वैश्य लोगों को अच्छी तरह से कृषि और पशुओं की ब्रीडिंग के काम लगाए। राजा का कर्तव्य है कि वह कृषि की भूमि का सर्वेक्षण, पैमाइश और प्लाटिंग कराए (8:245-48)। हर पाँचवीं रात्रि को राजा को चाहिए कि वस्तुओं के क्रय-विक्रय मूल्य निर्धारण करवाए, उसके भंडारण, मुनाफे, खरीदकर रखने के नियमों की समीक्षा करे। माप-तौल के मानक निर्धारित करवाना और हर छह महीनों में उनका पुनर्निरीक्षण करवाना भी सुचारू रूप से व्यापार चलाने के लिए आवश्यक है (8:401-3)। मनु ने कहा है कि व्यापार में गलत काम करनेवालों को दंड देना राजा का कर्तव्य है। दवा, कृषि में काम आनेवाले उपकरण, हथियार की चोरी को महत्त्वपूर्ण मानकर मनु ने उसका अलग से उल्लेख किया है (9:291-3)। घटतौली और भाव से ज्यादा पैसे लेने को भी अपराध बताया है। अपने चिर-परिचित तरीके से वे इसके लिए सजा तो बताते ही हैं, इसके साथ-साथ

ऐसा करनेवाले व्यापारी को परलोक का भय भी दिखाते हैं। उस समय के अनुसार छोटी-से-छोटी बात मनु की दृष्टि से बचती नहीं है और मनु उसके स्पष्ट नियम बताते हैं, जिससे कम-से-कम भ्रष्टाचार के साथ व्यावसायिक गतिविधियाँ चल सकें। नाव या किराए की गाड़ी का भाड़ा खाली में कितना होना चाहिए, मनुष्य के बैठने में कितना होना चाहिए और भारी सामान होने पर कितना होना चाहिए, इस तक पर नियम है (8:404-5)। आठवें अध्याय में ही आगे मनु ने पशुपालन से संबंधित विवादों के लिए भी नियम बताए हैं, जिसमें पशुओं की खरीद बिक्री से लेकर उनके देखभाल करनेवाले से विवाद के हरेक पक्ष पर विचार किया है।

धन का लेन-देन व्यापार की प्रगति के लिए अत्यंत आवश्यक होता है। व्यापार या अन्य कार्यों के लिए लिये जानेवाले ऋण, उसकी जमानत, उसकी चुकौती, उस पर ब्याज, गिरवी, गिरवी की जब्ती और इन सबसे जुड़े हुए विवादों पर मनु ने बड़े विस्तार से नियम बनाए हैं। इन (8:140-72) नियमों में स्पष्टता के बिना सही तरीके से धन का शांतिपूर्ण लेन-देन संभव नहीं।

मनु के समय की वितरण प्रणाली बड़ी ही सुदृढ़ थी। कौन क्या बेच सकता है और क्या नहीं, इसका भी सुस्पष्ट वर्गीकरण मिलता है। व्यापारियों को पूर्ण नैतिक, वैधानिक संरक्षण था। ब्राह्मण तथा क्षत्रिय उनके समक्ष व्यापार तथा वितरण में प्रतिस्पर्धा में नहीं आ सकते थे। उस समय व्यापारिक संगठन होते थे, जिन्हें श्रेणी कहा जाता था। श्रेणी अत्यंत शक्तिशाली व्यापारिक संगठन होते थे, वे अपने सदस्यों को व्यापार शुरू करने में पूँजी आदि से सहायता करते थे, अपने व्यवहार के नियम बनाते थे, जिनका श्रेणी के सदस्य पालन करते थे। वे अपने छोटे-मोटे विवाद स्वयं निपटाते थे, अगर उनका कोई नियम धर्म विरुद्ध न हो तो न्यायालय में भी वे नियम मान्य होते थे। व्यापार के सिलसिले में लंबी दूरी में आने-जाने के समय सुरक्षा के लिए उनके पास योद्धा भी होते थे। संकट के समय वे राजा को सहायता के रूप में धन के अतिरिक्त अपने सुरक्षाकर्मी भी देते थे।

व्यापारियों और उत्पादकों की सुविधा और सुरक्षा का प्रबंध करना राजा

का उत्तरदायित्व होता था। इसके लिए आवश्यकता पड़े तो नदियों पर पुल भी बनाए जाते थे, जिनके उपयोग के बदले में व्यापारी राजा को धन देते थे।

ऋण के नियम : व्यापार सुचारू रूप से चल सके, इसके लिए मनु ने ऋण लेने-देने और उसकी वसूली के लिए भी नियम बनाए हैं। आठवें अध्याय में मनु कहते हैं कि रेहन रखी हुई वस्तु को बेचने या उपयोग करने का ऋणदाता को कोई अधिकार नहीं है। वह कर्जदार की अमानत होती है। यदि वह कर्जदार के रखे हुए आभूषणों आदि का प्रयोग करे तो उसके अनुपात में ब्याज में छूट देनी होगी। बिना अनुमति के ऐसा करने पर उसको ब्याज पर पचास प्रतिशत की छूट देनी चाहिए, उस वस्तु के नष्ट या खराब होने की स्थिति में उसको वस्तु का पूरा मूल्य कर्जदार को चुकाना होगा, वह कितने समय बाद भी वापस आए, उसका अपनी वस्तु पर अधिकार होता है। साथ ही यदि दस वर्ष तक व्यक्ति पैसे देकर रखी हुई वस्तु को छुड़ाने न आए तो ऋणदाता का उस वस्तु पर अधिकार हो जाता है। चक्रवृद्धि ब्याज को मनु सही नहीं मानते हैं। उनके अनुसार ब्याज कभी भी इतना नहीं होना चाहिए कि वह मूल धन के बराबर हो जाए। ऋण और ब्याज का वार्षिक हिसाब होना चाहिए और जो भी स्थिति हो, कर्जदार को उसकी सूचना होनी चाहिए। ऋणदाता ब्याज के रूप में शारीरिक श्रम नहीं करवा सकता है। यहाँ भी मनु नैतिकता का हवाला देते हैं और कहते हैं कि यदि समय पर कोई ऋण चुकाने में समर्थ न हो तो उसका फायदा उठाकर ब्याज पर ब्याज नहीं लगाते रहना चाहिए। मनु बलपूर्वक कर्ज या ब्याज वसूलने के खिलाफ हैं। समय के साथ ऋण न चुका सकने की स्थिति में कर्म लेनेवाला वह चाहे तो दोबारा नई शर्तों के साथ नया अनुबंध बन सकता है।

मनु के अनुसार जो व्यक्ति गंभीर रूप से बीमार, नशेड़ी, अपरिपक्व बुद्धिवाला या अस्थिर चित्त हो, उसको महाजनी के कार्य में नहीं आना चाहिए।

यदि ऋण देनेवाले की मृत्यु हो जाए तो उसका पुत्र पर्याप्त साक्ष्य प्रस्तुत करके ऋण की उगाही कर सकता है। यदि ऋण लेनेवाले की मृत्यु हो जाए तो उसके उत्तराधिकारी चाहे अपनी संपत्ति बेचकर ऋण चुकाएँ, लेकिन चुकाएँ

अवश्य। वहीं यदि किसी ने शराब पीने, जुआ खेलने या किसी ऐसे कार्य के लिए ऋण लिया हो तो पुत्र उसको चुकाने को बाध्य नहीं है।

मुद्रा : यद्यपि उस समय वस्तु विनिमय चलन में अधिक था, किंतु मुद्रा भी प्रचलन में थी। भारत में धातु-मुद्रा के चलन के प्रमाण मनु से भी बहुत पहले के मिलते हैं। मनु के समय में ताँबे, चाँदी और सोने की मुद्राएँ चलती थीं और मुद्रा का मूल्य उसके वजन के आधार पर निर्धारित होता था। मनु ने मुद्राओं के विषय में भी लिखा है। जाली के बीच से आती हुई सूर्य किरण में चमकनेवाले कण सबसे छोटी मुद्रा हैं, जिनको त्रसरेणु कहा जाए। ऐसी दस त्रसरेणु एक साथ एक लिक्षा के बराबर हैं। तीन लिक्षा के बराबर एक राजसर्षप (सरसों का दाना) है। तीन राजसर्षप एक गौरसर्षप (सफेद तिल के दाने) के समान है। छह गौर सर्षप मिलकर एक मध्यम आकार का कृष्णल (जौ की बाली) होती है। पाँच कृष्णल मिलकर एक माष के बराबर होते हैं और सोलह कृष्णल एक सुवर्ण मुद्रा के बराबर होते हैं। ऐसी चार मुद्राएँ एक पल के बराबर हैं। दस पल का एक धरण होता है। दो चाँदी के कृष्णल चाँदी के एक माषक के बराबर माने जाएँ। चाँदी के सोलह माषक से चाँदी का एक धरण या पुराण माना जाए। तांबे का एक कार्षिक कार्षापण माना जाए। चाँदी के दस धरण से एक शतमान बनता है और चार सुवर्ण एक निष्क होते हैं। यह मनु का मुद्रा को लेकर वर्णन है (8:132-37)।

न्याय तथा दंड : स्मृतियों में न्याय तथा दंड की विकसित व्यवस्था का वर्णन मिलता है। प्रजा को न्याय और दोषियों को दंड—यह दो राजा के प्रमुख कर्तव्य माने गए हैं। इसके लिए बहुस्तरीय न्याय-व्यवस्था का विवरण मनु ने दिया है। उन्होंने न्याय प्रक्रिया का उत्तरदायित्व ग्रामिक तथा अन्य प्रशासनिक अधिकारियों को दिया है, किंतु न्याय व्यवस्था बनी रहे, इसकी अंतिम जिम्मेदारी राजा की ही मानी है। स्मृतियों में राजा तथा सभा द्वारा न्याय करने का उल्लेख मिलता है। मनु के अनुसार इस सभा में शास्त्रों को जाननेवाले ब्राह्मणों को ही होना चाहिए।

सामान्यत: परिस्थिति में द्वारा शिकायत होने पर उस पर विचार करने

का प्रावधान है, किंतु कतिपय विशिष्ट स्थितियों में राजा स्वयं भी संज्ञान ले कर ऐसा कर सकता है। मनु ने विवादों या मुकदमों को सत्रह वर्गों में बाँटा है— ऋणदान, निक्षेप, अस्वामिविक्रय, सम्भूयसमत्थान, दत्तस्य अनपाकर्म, वेतन अदान, क्रय-विक्रयानुशय, स्वामिपालविवाद, सीमाविवाद, वाक्यपारुष्य, दंडपारूष्य, स्तेय, साहस, स्त्री संग्रहण, स्त्री पुन्सधर्म, विभाग, द्यूत एवं समाहर्य।

दंड : दंड निर्धारण के समय मनु ने अत्यंत परिष्कृत और व्यावहारिक दृष्टिकोण प्रस्तुत किया है। मनु का मानना है कि समाज में पूर्णत: पवित्र व्यक्ति का होना ही अत्यंत दुर्लभ घटना है, किंतु दंड के भय से ऐसा हो सकता है (7:22)। ऐसी स्थिति में सुचारु दंड-व्यवस्था के न होने से समाज में मत्स्य न्याय ही चलने लगेगा, जिसमें अंतत: कोई भी सुरक्षित नहीं रह सकता और धर्म भी नष्ट हो जाएगा। यदि दंडधारक राजा दंड के द्वारा समाज में व्याप्त बुराइयों को नियंत्रित नहीं करेगा तो ऐसी स्थिति में जिस प्रकार लोग मछली को भूनकर खा डालते हैं, उसी प्रकार शक्तिशाली लोग निर्बलों का नाश कर देंगे (7:20)। मनु ने दंड की महिमा बताई है। दंड से ही सृष्टि के सभी प्राणी व्यवस्थित हैं (7:23)। दंड ही संसार से पाप का नाश करता है (7:25)। उनके अनुसार दंड धर्म से कम नहीं है, क्योंकि बिना दंड के धर्म की स्थापना और रक्षा संभव नहीं है। दंड सबको बुरे कामों का फल देता है, सबकी रक्षा करता है, जब सब सो रहे होते हैं तो वह ही जागता है। विद्वान् पुरुष जानते हैं कि न्याय ही दंड है। यह एक प्रकार से दंडधारी राजा के लिए संदेश है कि उसको रात-दिन निर्दोष व्यक्तियों की रक्षा और दुष्टों के दमन के लिए सतर्क और उद्यमशील रहना चाहिए। राजा को न तो न्याय से विचलित होना चाहिए और न ही किसी के भी लिए नियमों में परिवर्तन ही करना चाहिए। दंड में तेज होता है और जिसका मस्तिष्क परिष्कृत नहीं है, वह इसका पालन नहीं करवा सकता। यह उस राजा का परिवार समेत नाश कर देता है, जो इसको लागू नहीं करता है। दंड को भली-भाँति लागू करवानेवाला राजा सभी प्रकार के सुख प्राप्त करता है और

कामी, पक्षपाती, क्षुद्र राजा अपने द्वारा दिए गए अनुचित दंड के प्रभाव से स्वयं ही नष्ट हो जाता है (7:27, 28)। राजा को चाहिए कि वह अपने साधनों से अपराधी की पहचान करके उसे ढूँढ़ निकाले और फिर उसे दंड दे (9:261, 262)। न्यायपूर्वक दंड देने से राष्ट्र, राजा और दंड देनेवाला सब प्रकार से फलते-फूलते हैं और इसके विपरीत होने पर नष्ट हो जाते हैं, इस पर मनु ने बहुत विस्तार से लिखा है। निर्दोष को दिए दंड के परिणामस्वरूप अपराधी, गवाह, दंड देनेवाला तथा राजा एक-एक चौथाई पाप के भागी बनते हैं (8:18,19)। एक उत्तरदायी न्याय-व्यवस्था बन सके, इसके लिए इस प्रकार के मत का होना आवश्यक है। मनु कहते हैं कि न्याय के मार्ग पर किसी भी प्रकार का पक्षपात नहीं होना चाहिए। माता-पिता, पत्नी, पुत्र, गुरु, पुरोहित—कोई भी सामने क्यों न हो, न्यायपूर्ण दंड से कोई भी बचना नहीं चाहिए (8:335)। यहाँ तक कि यदि राजा स्वयं भी अपराध करे तो उसे भी दंड मिलना चाहिए और उसका दंड सामान्य अपराधी से हजार गुना अधिक होना चाहिए (8:336)।

अपराधी की सामाजिक स्थिति, उद्देश्य, अपराध के प्रति चेतना को ध्यान में रखते हुए दंड देने का विधान है। दंड के कई प्रकार होते हैं। मनु ने दंड के चार प्रकारों का विधान किया है—वाक्, धिग, धन तथा वध (8:129)। वध का अर्थ शारीरिक दंड है, मृत्यु दंड नहीं। मनु ने मृत्यु दंड बहुत ही कम परिस्थितियों में देने का विधान किया है, किंतु कोड़े मारने, सिर मुँडवाकर गधे पर बैठाने का, देश निकाला देने का, अपराधी के माथे पर उसका अपराध गुदवाने, जैसे दंड अवश्य बताए हैं। जिस अपराध के लिए साधारण नागरिक एक पण का दंड भरेगा, उसी अपराध के लिए राजा को एक हजार पण दंड भरना होगा (8:336)। इसी प्रकार अज्ञानवश चोरी करनेवाले शूद्र को जितना जुरमाना भरना होगा, उसी अपराध के लिए अन्य शूद्र जिसने जानते-बूझते अपराध किया को आठ गुना जुरमाना भरना होगा, उसी अपराध के लिए वैश्य को सोलह गुना, क्षत्रिय को बत्तीस गुना और ब्राह्मण को चौंसठ गुना या उससे भी अधिक जुरमाना भरना होगा, यह समाज

के उन वर्गों को नैतिकता के नियमों में बाँधने के लिए किया गया है। मनु ने इरादतन और गैर इरादतन अपराध में अंतर किया है, किंतु दंडनीय दोनों ही हैं। बच्चा भी अपराधी हो तो दंड का भागी है, भले ही दंड के रूप में उससे साफ-सफाई का कार्य कराया जाए। इसी प्रकार सामान्य अपराधों में स्त्री, बालक, उन्मत्त, वृद्ध, निर्धन के लिए कशाघात ही पर्याप्त दंड है (9:230)। दंड की सीढ़ी में सबसे ऊपर खड़े कर दिए गए ब्राह्मण, यद्यपि सामान्य स्थितियों में मृत्युदंड से बचे रहते थे, किंतु अवध्य वे भी नहीं थे। मनु ने दंडनीय कृत्यों का विस्तार से वर्णन किया है और इसके अतिरिक्त अलग-अलग अपराधों के लिए क्या दंड होना चाहिए, इस पर भी लिखा है।

प्रायश्चित : धर्मशास्त्रों में राज्य द्वारा दिए जानेवाले दंडों के अतिरिक्त प्रायश्चित भी समाज विरोधी आचरण को नियंत्रित करने के लिए प्रयोग होता रहा है। मनु ने इस पर बहुत विस्तार से लिखा है। मनुष्य शासन द्वारा जिन पापों का दंड पाने से बच जाएँ, उनका भी प्रायश्चित अवश्य करना चाहिए, अन्यथा पाप के फल से निर्वृत्त न होने पर व्यक्ति का अगला जन्म भी खराब हो जाता है। प्रायश्चित राजा के निर्देश में योग्य ब्राह्मण अथवा परिषद् द्वारा निश्चित किया जाता है। अनजाने में किया गया पाप वेद-पाठ से नष्ट हो जाता है, किंतु जानते-बूझते किए जानेवाले पाप के लिए प्रायश्चित करना होता है (11:46)। प्रायश्चित के बाद पाप कर्म का दोष दोनों लोक से समाप्त हो जाता है। इसको पाप-पुण्य और इहलोक-परलोक से जोड़ देने का एक उद्देश्य यह भी है कि अपराधी अपराध छुपाने के स्थान पर स्वेच्छा से उसे स्वीकार करे और आगे उसको न करने के लिए संकल्पित हो।

□

6

विधि : हिंदू और आधुनिक

बहुधा ऐसा माना जाता है कि मनु का धर्मशास्त्र न्याय संहिता है। मनु और उन पर विश्वास रखनेवालों पर तथाकथित प्रगतिवादी तंज कसते हुए कहते हैं कि यह देश संविधान से चलेगा या मनु के विधान, वे ऐसा भी कहते हैं कि भारतीय दंड संहिता की स्थान पर मनु को लाने का प्रयास न किया जाए। वे ऐसा कदापि न कहते यदि वे भारतीय विधि तथा आधुनिक विधि के बीच के मूलभूत अंतर को समझते।

भारतीय प्राचीन विधि आधुनिक या यूरोपीय विधि से नितांत भिन्न है। इसकी वजह दोनों न्यायदर्शन (Jurisprudence) में भिन्नता है। प्रसिद्ध फ्रांसीसी न्यायविद् मोंटेस्क्यु ने अपने प्रसिद्ध ग्रंथ 'द स्पिरिट ऑफ लॉ' में विधि के तीन अंग बताए हैं—

1. **विधायिका :** जो विधि का निर्धारण या निर्माण करती है।
2. **न्यायपालिका :** जो विधि को लागू करती है।
3. वह शक्ति, जो उसका पालन करवाती है, आधुनिक संदर्भ में देखें तो संसद् कानून बनाती है, न्यायालय उसको लागू करते हैं और शासन, पुलिस द्वारा उसका पालन करवाता है। आधुनिक विधि का स्रोत विधायिका के रूप में सत्ता होती है, उसका क्षेत्र शासन और समाज होता है और उसके पालन का आधार दंड होता है, जबकि उसके पहले राजा ही इसका अधिकारी और उत्तरदाई होता था।

भारतीय विधि तथा विधि दर्शन का स्वरूप तथा संरचना प्रत्येक अर्थ में भिन्न है।

धर्मशास्त्र विधि नहीं है। मेयन (Mayne) 'हिंदू लॉ एंड इट्स यूसेजेस' में कहते हैं हिंदू विधि स्मृतियों की विधि है, जिसको टीकाकारों ने संशोधित और विकसित किया है। स्मृतिकारों तथा टीकाकारों के पास कोई स्वयंप्रभु सत्ता नहीं थी, जैसी राजा या आधुनिक विधायिका के पास होती है। उनका अधिकार उनकी विद्वत्ता तथा समाज में उनके सम्मान के कारण था, जो उनको उनके लेखन के कारण प्राप्त था। मेधातिथि ने अपने टीका में कहा है कि 'प्रचलित रीति-रिवाजों का संहिताबद्ध रूप स्मृतियाँ हैं,' परंतु यह पूर्ण सत्य नहीं प्रतीत होता है। मेयन के अनुसार प्रचलित नियमों को संहिताबद्ध करने के अलावा रचनाकारों ने अपनी कल्पनाशीलता का प्रयोग किया है और नए नियम भी बनाए हैं, जिससे कि वे समय के साथ अधिक निष्पक्ष और तार्किक हो सकें। जैसा कि जर्मन विधिवेत्ता सविनी (Savigny) कहते हैं कि विधि का निर्माण प्रयासपूर्वक एक साथ नहीं होता है, यह समाज की चेतना से छनकर प्रस्फुटित होता है। स्मृतियों तथा धर्मशास्त्रों में भी परंपराओं का प्रचुर भाग है।

धर्मशास्त्रों को संकुचित अर्थ में विधि के ग्रंथ नहीं मान सकते हैं। उनको विधि का संग्रह भी नहीं कहना चाहिए। धर्मशास्त्र अपने नाम के अनुरूप धर्म की handbook ही हैं। शुद्ध हिंदू वैचारिकी और सामाजिक दर्शन के इन ग्रंथों से भारतीय न्यायदर्शन का परिचय मिलता है।

विधायिका का महत्त्व न होना

आधुनिक विधिवेत्ताओं को हिंदू विधि में जो बात सबसे अधिक महत्त्वपूर्ण लगती है, वह विधायिका तथा शासन का महत्त्व न होना है और परंपरागत भारतीय विधि आधुनिक विधि के संदर्भ में एक अधोमुख त्रिकोण के समान है, जहाँ पर विधि व्यक्तिपरक है और उसका स्थान घर है। प्रजा अपने निजधर्म के रूप में विधि का पालन करती है तथा राजा अपने निजधर्म के रूप में उसका पालन करवाता है। आमात्य, सौनिक आदि अपने निजधर्म के रूप में उसकी सहायता करते हैं। यही कारण है कि यहाँ शासन के अंग के रूप में विधायिका की आवश्यकता नहीं हुई, क्योंकि राज्य स्वयं शासक के रूप में घर का हिस्सा

होता है और अपने व्यक्तिगत 'धर्म', शासक के धर्म से बँधा होता है। विधि पालन का मुख्य और प्राथमिक उत्तरदायित्व समाज पर है, राज्य पर नहीं, यह पूर्णतः सही भी है, क्योंकि विधि का स्थान घर ही है।

प्राचीन भारतीय विधि किसी नश्वर राजा के हाथ नहीं होती, न ही इसकी स्थापना किसी राजनीतिक सत्ता के द्वारा होती है। इसके प्रणेता राजा नहीं ऋषि होते हैं। राजा को कभी भी विधि-निर्माण का कभी अधिकार ही नहीं रहा। ऋषियों को भी सामान्य विधायिका के समान राजाज्ञा की आवश्यकता नहीं रही है। राजा का कार्य तो केवल विधि पालन करवाना ही रहा है, उसका कार्य विधि को सब प्रकार से लागू करके विवादों का निपटारा करना होता है, यह वह स्वतः संज्ञान के आधार पर और शिकायत के आधार पर कर सकता है। मेधातिथि कहते हैं कि राजा कोई ऐसा नियम नहीं बना सकता है, जो धर्म के विरुद्ध हो। मेंस्की के अनुसार हिंदू विधि में राजा का कार्य समाज के हर क्रियाकलाप पर दृष्टि रखना नहीं है। वह हर छोटे-बड़े विवाद, समाज की सामान्य व्यवस्था या उस व्यवस्था के टूटने पर नजर नहीं रखता है। वह एक safety device की तरह काम करता है।

विधि की अधोमुख संरचना

धर्मशास्त्रों में पाई जानेवाली विधि की अधोमुख संरचना ऐसी है जिसमें रोजमर्रा के, घर-गृहस्थी से जुड़े हुए क्रियाकलाप धर्म की संरचनात्मक व्याख्या में मुख्य हैं और ज्यादा विस्तृत प्रतीत होनेवाले राजनीतिक और आर्थिक मसले गृहस्थ के कर्तव्यों के रूप में उसी में निहित हैं। आधुनिक विधि के संदर्भ में इसका उलटा या अधोमुख होना विधि के आज के विद्यार्थियों को बहुत अजीब लगता है, क्योंकि आधुनिक विधि में व्यक्तिगत संसार या गृहस्थ के संसार में हस्तक्षेप को सार्वजनिक रूप से खारिज कर दिया गया है, लेकिन इससे आधुनिक विधि में एक कमी रह जाती है। डेविस के अनुसार 'वास्तविक' और उसके सत्ता के साथ समीकरण के साथ विधि का संबंध कहीं खो जाता है। विधि के व्यावहारीकरण के पक्षधर समूहों के तमाम प्रयासों के बाद भी विधि के वैयक्तिक पक्ष पर अभी बहुत कुछ होना शेष है।

हिंदू विधि-पालन के चार चरण हैं—धर्म, व्यवहार, चरित्र और राजानुशासन। भारत में लॉ या विधि के स्थान पर धर्म शब्द का प्रयोग होता है।

हिंदू विधि का स्रोत

हिंदू विधि का स्रोत क्या है ? अन्य देशों के विपरीत यहाँ विधि की शक्ति विधायिका अथवा राजाज्ञा की शक्ति नहीं होती थी। लेकिन जब हम हिंदू विधि को सामाजिक संदर्भ में देखते हैं तो यह नितांत उचित लगता है। यदि विधि या धर्म प्राथमिक रूप से घर-गृहस्थी से संबंधित हो और राज्य भी राजा के धर्म के माध्यम से उस ही न्यायदर्शन का भाग हो तो ठीक ही है कि वह शासन द्वारा निर्धारित और परिचालित नियमों से न बँधे।

धर्मशास्त्रों को विश्वसनीय बनाने के लिए उसके नियमों का वेदों से संबंध बताया जाता है। माना जाता है कि वेदादि शास्त्रों में सबकुछ है, किंतु जो स्वयं उनको पढ़ और समझकर धारण नहीं कर सकते, उनके लिए धर्मशास्त्र आवश्यक है। कभी-कभी जब वेदो में उसका संदर्भ नहीं मिलता तो यह भी माना जाता है कि वह वेदो में है तो किंतु लोप हो चुका है। ऐसे में उसका स्रोत अन्य प्रामाणिक ग्रंथ हो सकते हैं। इन दोनों से अलग एक स्थिति में लोक प्रचलित होने के कारण उस नियम को विश्वसनीय माना जाता है। इस प्रकार हिंदू विधि के तीन प्रमुख स्रोत हैं—श्रुति, स्मृति और परंपरा/आचार; इनमें से प्रत्येक अपने परवर्ती से अधिक विश्वसनीय है। इसके अलावा धर्मशास्त्रों के रचनाकार अपनी बुद्धि से भी बदलती हुई परिस्थितियों के अनुरूप, विधि को अधिक न्यायपूर्ण और सर्वग्राह्य बनाने के लिए नियम बनाते थे। मनु ने कहा है कि धर्म का प्रथम स्रोत श्रुति है, फिर स्मृति, उसके बाद विद्वान् पुरुषों का आचरण, श्रेष्ठ पुरुषों की परंपराएँ और उसके बाद स्वयं की चेतना (2:6)। चूँकि भारतीय विधि धर्म का पालन करवाती हैं, अत: विधि के स्रोत वही हैं, जो धर्म के हैं। धर्मशास्त्र तथा गृहसूत्र मुख्य रूप से गृहस्थ के लिए नियम बनाते हैं और सारे समाज को उस ही के चारों ओर बताते हैं।

मोटवानी के अनुसार धर्मशास्त्रों का विधान exhaustive नहीं comprehensive है। उनमें मानव व्यवहार की छोटी-से-छोटी बातों को

समेटा गया है। स्मृतिकारों की दृष्टि से कुछ छोटा नहीं है, यहाँ तक कि जानवरों और पेड़-पौधों से कैसे व्यवहार करें, यह भी नहीं।

हिंदू तथा पाश्चात्य विधि में मूलभूत अंतर

भारत में statuary law नहीं था, क्योंकि उसके पीछे कोई विधायिका नहीं थी, लेकिन जब अंग्रेज भारत में और राज्य करने लगे तो उन्होंने भारतीय संस्कृति के सभी अंगों की तरह इसको भी देखा, लेकिन हमेशा की तरह एक ऐसी बात का, जो उनके जैसी नहीं थी, वे महत्त्व नहीं समझ पाए और एक तरह से उन्होंने उसको भिन्न खाँचे में, जो कि उनका अपना था डालने की कोशिश की। इन भूलों का भी एक लंबा इतिहास है, जो ब्रिटिश हिंदू विधि को समझने में कर रहे थे। आगे हम इन्हीं भूलों को समझने का प्रयास करेंगे।

वॉरेन हेस्टिंग्स ने जब देखा कि विरासत, विवाह, जाति, संस्थाओं के धार्मिक उपयोग जैसे विवाद शास्त्रों के आधार पर तय होते हैं तो उसको और उसके साथियों को लगा कि जिस प्रकार यूरोप में उस समय विवाह के नियम बाइबिल के निर्देशों पर आधारित थे, उसी प्रकार भारत में भी विभिन्न समूहों के पर्सनल लॉ के स्रोत भी कोई एक धर्मग्रंथ होगा। उस समय यूरोप में बँटवारे, विवाह, पूजा पद्धति आदि सभी विषय बिशप के समक्ष प्रस्तुत होते थे और उनके निर्णय का आधार चर्च का विधान होता था, लेकिन भारत के हिंदुओं के लिए व्यवस्था शास्त्रज्ञों या पंडितों से आती थे। वे पंडित या शास्त्रज्ञ निश्चित रूप से धर्म गुरु या पुजारी नहीं होते थे। इसमें और यूरोप में चल रही व्यवस्था में अंतर था, लेकिन यहाँ भी धर्म का दखल तो इसमें था ही और ब्रिटिश धर्म को समझ नहीं सके। उनको लगा कि धर्म है तो कुछ चर्च जैसी व्यवस्था तो होनी है चाहिए। सर विलियम जोंस ने मान लिया कि ब्राह्मण और पुजारी एक ही होते हैं, जबकि स्थिति यह थी कि बहुत ही कम ब्राह्मण पुजारी होते थे और गैर ब्राह्मण भी पुजारी होते थे। यहाँ कोई भी एक सार्वभौम संस्था नहीं थी, कोई एक पोप नहीं था और कोई एक निश्चित विधान भी नहीं था। कोई शंकराचार्य नहीं थे, जिनके अंदर ही धर्म समाया हुआ माना

जाए और उनके वाक्य से अलग धर्म का स्वरूप ही न हो। कोई पुस्तक भी नहीं थी, जो बाइबिल के समान धर्म का एकमात्र स्रोत मानी जाए। इस प्रकार की धार्मिक और वैचारिक स्वतंत्रता ब्रिटिशर्स को समझ ही नहीं आ सकी। उन्होंने जब अपने न्यायालयों में पंडितों की राय को शामिल करना शुरू किया तो उनको उसमें एकरूपता नहीं मिली। इसको समझने के लिए उनको पहले धर्म का स्वरूप, आपद्धर्म की परिभाषा आदि देखनी चाहिए थी, किंतु विजेता का अभिमान उनको अपने ढाँचे से अलग कुछ देखने ही नहीं देता था। इसको सँभालने के लिए उन्होंने कलकत्ता और बनारस में संस्कृत विद्यालय खोले। नतीजा यह हुआ कि उनमें स्मृतियों के मिथिला, बंगाल और बनारस में प्रचलित संस्करणों का बोलबाला हो गया और दक्षिण तथा पश्चिम का प्रतिनिधित्व ही नहीं रहा, लेकिन फिर भी व्यवस्था में समरूपता नहीं थी, और तो और एक ही पंडित एक सी ही दिखनेवाली परिस्थितियों में अलग व्यवस्था दे देते थे। देश, काल, परिस्थिति, अपराध करनेवाले, पीड़ित—इन सबको ध्यान में रखकर दी जानेवाली व्यवस्थाओं में जो विषमता थी, वह उनको रास न आई। उनको लगा कि पंडित पक्षपात करते हैं। तब विलियम जोंस ने स्वयं इसका हल निकालने की सोची। उसने बंगाल के गहन प्रभाव के साथ हिंदू विधि को संकलित करवाने का प्रयास किया। इसी दौरान उसके हाथ मनुस्मृति लग गई, फिर क्या था, जोंस ने तो उसे पकड़ ही लिया। मनु के ग्रंथ का अनुवाद किया गया। मनु जितने अधिक उपयोगी विधि बनानेवालों के लिए हुए, उससे अधिक लोकप्रिय वे ओरिएंटल स्टडीज वालों में हुए। इसके बाद कोलेब्रूक ने भी इस दिशा में प्रयास किया। उन्होंने मिताक्षरा और दायभाग का अनुवाद किया। इसका अंग्रेजी अदालतों में भरपूर उपयोग हुआ। कुछ भारतीय पंडितों ने भी अनुवाद कार्य किया, उनके अनुवाद में इन ग्रंथों की आत्मा किसी सीमा तक सुरक्षित थी, किंतु स्वाभाविक है कि वह ब्रिटिश लोगों को पसंद नहीं आईं और उन्होंने यूरोपीय विद्वानों द्वारा किए गए अनुवादों को वरीयता दी। इस सबका परिणाम यह हुआ कि एक लचीली व्यवस्था को पत्थर पर खींची हुई लकीर की तरह बना देने के प्रयास में उसका सत्यानाश कर डाला।

□

7

कूट तथा युद्ध नीति

विदेश नीति को लेकर मनु के विचार बहुत सीमा तक आज भी प्रासंगिक हैं और अनजाने ही अंतरराष्ट्रीय कूटनीति में उनका पालन होता है। मनु से पहले धर्मशास्त्रों के लिए यह विषय अछूता ही था। मनु द्वारा प्रणीत विदेश नीति के दो हिस्से हैं, जिन्हें हम युद्ध और शांति कह सकते हैं या युद्ध और कूटनीति भी कह सकते हैं। आश्चर्यजनक रूप से मनु ने उस समय कूटनीति के जो सिद्धांत बताए हैं, वो आज भी प्रासंगिक हैं। मनु की विदेश नीति का आधार मुख्यतः तीन सिद्धांत हैं—उपाय, षड्गुण एवं मंडल।

उपाय चार हैं—साम, दाम, दंड, भेद। इनके द्वारा दूसरे राष्ट्रों से संबंध परिचालित होते हैं।

षड्गुण छह हैं—संधि, विग्रह, यान (आक्रमण), आसन, संश्रय, द्वैधी। यान भी दो प्रकार के हैं—एकाकी तथा मित्र राष्ट्रों की सहायता से। षड्गुण मनु द्वारा प्रतिपादित कूटनीति का आधार हैं।

अन्य राष्ट्रों के साथ शत्रु-मित्र का विभेदीकरण मंडल है। ये तीन हैं—स्वाभाविक शत्रु, स्वाभाविक मित्र और उदासीन (7:151-60)।

युद्ध नीति में मनु ने सैन्य संधि, सैन्य युक्ति, आक्रमण, सेना का विभाजन, युद्ध में पीछे हटना आदि पर लिखा है (7:160-197)।

अन्य देशों से व्यवहार के लिए मनु ने चार नीतियाँ बनाई हैं—साम, दाम, भेद, दंड। इनमें से प्रथम तीन अलग-अलग या एक साथ करना चाहिए, किंतु अंतिम को जहाँ तक हो सके टालना चाहिए (7:198)। साम का अर्थ

है सौहार्दपूर्ण वार्त्ता, दाम का अर्थ है धन, भूमि आदि देकर अपने लक्ष्य की प्राप्ति, भेद का अर्थ छल करना और शत्रु में परस्पर वैमनस्य उत्पन्न करना है। अंतिम उपाय दंड या युद्ध है।

षड्गुण विग्रह की स्थिति में किए जानेवाले उपायों की श्रेणियाँ हैं। यदि युद्ध टल सकता हो तो, पर-राष्ट्र के साथ संधि कर ली जाए, संधि बराबरी की शर्तों पर हो भी सकती है और नहीं भी हो सकती है, इनको क्रमशः समानधर्मा और असमानधर्मा संधि कहा गया है। विग्रह की स्थिति तब आती है, जब संधि की संभावना नहीं रहती है। इस अवस्था में जब साम, दाम और भेद की संभावना नहीं रह जाती है, तब युद्ध का निश्चय होता है और यान, अर्थात् आक्रमण की स्थिति आती है। यान एकाकी भी हो सकता है और मित्र राष्ट्रों की सहायता से भी हो सकता है। आसन युद्ध और विग्रह से उदासीन होकर बैठ जाने को कहते हैं। यह अपनी या अपने मित्र राष्ट्रों की स्थिति निर्बल होने पर श्रेयस्कर होता है। द्वैधी का अर्थ है संधि और विग्रह एक साथ करना। संश्रय शत्रु से बचने के लिए किसी अन्य राष्ट्र की शरण लेना जो शत्रु से अधिक शक्तिशाली हो। मनु संश्रय को विदेश नीति में अंतिम उपाय की तरह मानते हैं।

मंडल का सिद्धांत अन्य राज्यों में से शत्रु और मित्र के विभेदीकरण का सिद्धांत है। मंडल के केंद्र में एक उत्साही, क्षेत्र विस्तार का इच्छुक, शक्तिशाली राज्य होता है, उस राज्य से जिन राज्यों की सीमाएँ मिलती हैं, उनको केंद्र के राज्य का स्वाभाविक शत्रु माना गया है। उन शत्रु राज्यों के साथ जिनकी सीमाएँ मिलती हैं, उनको जिस प्रकार शत्रु का शत्रु मित्र होता है, केंद्र में स्थित राज्य का स्वाभाविक मित्र माना गया है। उसके आगे के राज्य उदासीन कहलाते हैं। इसके अतिरिक्त एक अन्य श्रेणी मध्यम भी होती है। ये वे राज्य हैं, जिनकी सीमाएँ केंद्र में स्थित राज्य और उनके शत्रु राज्य दोनों से मिलती हैं (7:158)। राजा को चाहिए कि कूटनीति के प्रयोग से शत्रु के मित्र राष्ट्रों की संख्या न बढ़ने दे, जो कि केंद्र में स्थित राज्य के लिए उदासीन हैं। यदि उदासीन राष्ट्र भी शत्रु के संग मिल गए तो केंद्र के राज्य के लिए कठिनाई पैदा कर देंगे (7:178)।

युद्ध की अनुमति मनु तब ही देते हैं, जब किसी देश के द्वारा उस देश की संप्रभुता को खतरा हो। किसी भी अन्य स्थिति में इसको टालना चाहिए। युद्ध की स्थिति में हमेशा यह अनिश्चित रहता है कि किस पक्ष की विजय होगी। अतः राजा पहले ऊपर बताए गए तीन उपायों साम, दाम, भेद का प्रयोग करके स्थिति को अपने पक्ष में लाने का प्रयास करे। तीनों में से कोई भी उपाय सफल न होने की स्थिति में युद्ध का विकल्प चुने और अपनी पूरी क्षमता के साथ इस प्रकार युद्ध करे कि उसे विजय निश्चित ही प्राप्त हो (7:199–200)। इस पर भी आक्रमण तभी करना चाहिए, जब इस बात का पूरा विश्वास हो कि अपने संसाधन और सेनाएँ उत्तम अवस्था में हैं और शत्रु की सेना, संसाधन और वाहन खराब स्थिति में हैं (7:171)। इसी प्रकार राजा को युद्ध का अभियान शुरू करने से पहले यह देख लेना चाहिए कि उसके मंत्री, कोष, सीमाएँ, दुर्ग, सेना उत्तम स्थिति में हैं या नहीं (7:170)। आक्रमण के दौरान यदि कभी राजा को अपने पक्ष की स्थिति कमजोर लगे तो अपनी नीति बदल लेनी चाहिए (7:170)। मनु पहले तो चाहते हैं कि जहाँ तक हो सके बिना युद्ध के ही साम, दाम और भेद की सहायता से अभीष्ट प्राप्त कर लिया जाए और अगर युद्ध करना ही हो तो ऐसी तैयारी के साथ किया जाए कि किसी भी प्रकार से पराजय नहीं हो।

लगातार शत्रुतापूर्ण माहौल रहने की स्थिति में यदि तीनों उपाय सफल नहीं होते तो युद्ध ही चारा बचता है, किंतु बुद्धिमान राजा अपनी प्रजा के कल्याण के लिए जहाँ तक हो सके युद्ध को टालते हैं (7:107–10)। यदि युद्ध में जाना ही पड़े तो मनु का स्पष्ट आदेश है कि प्रजा को न तो कोई कष्ट हो और न ही उसका कोई काम रुके। अपनी अनुपस्थिति में राज्य का काम सुचारू रूप से चलता रहे, इसके लिए राजा को युद्ध में जाने से पहले ही प्रबंध करना चाहिए और कर्मचारी नियुक्त करने चाहिए (7:226)।

प्रत्यक्ष युद्ध से पहले शत्रु के बलाबल का ज्ञान आवश्यक है। कुछ सीमा तक तो यह कार्य राजदूत भी करते हैं, किंतु अधिक गहराई से शत्रु पक्ष की जानकारी प्राप्त करने के लिए मनु गुप्तचरों को नियुक्त करने को कहते हैं।

मनु कहते हैं कि राजा को शत्रु की सूचना लेने के लिए छद्म वेश में गुप्तचर भेजने चाहिए। राजा किसी भी देश में अपने गुप्तचरों के माध्यम से प्रवेश कर सकता है। वायु के समान क्षिप्र गति वाले गुप्तचर वायु के समान ही शत्रु देश में प्रवेश कर जाते हैं (7:122.9:256,261,268,308)।

गुप्तचरों द्वारा सूचना प्राप्त करके राजा को अपनी छह अंगोंवाली सेना के साथ तीन प्रकार के मार्गों से होते हुए आगे बढ़ना चाहिए (7:184-5)। सेना के छह अंग हैं—गजारोही सेना, अहारोही सेना, रथी सेना, पैदल, जल सेना, सेना की सहायता टुकड़ी। तीन मार्ग, जिनसे सेना जानी चाहिए वन, पर्वत और ग्राम है।

अंततः शत्रु के साथ समक्ष युद्ध का समय आ जाने पर मनु व्यूहरचना की बात करते हैं। मनु ने व्यूह के सूची पद्म, वाराह, वज मकर, दंड, शकट, गरुड़ आदि प्रकारों के विषय में बताया है। उन्होंने यह भी बताया है कि किस प्रकार की परिस्थिति में कौन सा व्यूह उपयुक्त होगा। राजा को स्वयं पद्म व्यूह के बीच में बैठकर सेना का संचालन करना चाहिए।

भारतीय समाज का प्राण धर्म है। युद्ध में भी धर्म का साथ नहीं छोड़ा जा सकता है। महात्मा मनु ने युद्ध का भी धर्म समझाया है। उनके अनुसार युद्ध कभी भी गुप्त रूप से नहीं होना चाहिए। जो भी हो खुले तौर पर आमने-सामने हो, जब एक राजा अपने शत्रुओं से युद्ध करता है तो उसको कभी भी गुप्त हथियार का, कँटीले, जहरीले, अग्निमुख बाणों का प्रयोग नहीं करना चाहिए। उसे शत्रु पक्ष के अधिकारियों के साथ खड़े हुए, किन्नर, रसद पहुँचानेवाले, दया की भीख माँगनेवाले, युद्ध के मैदान से भागनेवाले, सोते हुए, कवच के बिना, निर्वस्त्र, निशस्त्र, टूटे शस्त्रवाले, बुरी तरह घायल, किसी और के साथ युद्ध में रत व्यक्ति पर आक्रमण नहीं करना चाहिए। हर हाल में उसको एक प्रतिष्ठित योद्धा का धर्म याद रखना चाहिए (7:90-4)। युद्ध तभी किया जाए, जब अपरिहार्य हो जाए, किंतु विजित राज्य की प्रजा को भी अपनी प्रजा के समान सुरक्षा प्रदान की जानी चाहिए। मनु के यह नियम जिस समय के लिए हैं, तब भारत के सभी राजा इन नियमों का पालन करते थे। यह ही कारण

है कि बाह्य आक्रमणों की स्थिति में अत्यधिक शूरवीर होते हुए भी भारत के राजाओं को कभी-कभी पराजय का सामना करना पड़ा। विदेशी आक्रमणकारी भी भारतीयों की धर्म के प्रति निष्ठा को जानते थे, अतः उसका अधर्म से लाभ उठाते थे। सेना के आगे गायों को हाँककर हिंदू राजाओं को युद्ध से विरत करना इसी प्रकार के अधर्म युद्ध का उदाहरण है। पृथ्वीराज चौहान द्वारा गोरी को बारंबार युद्ध में क्षमा करना भी युद्ध में धर्म का परिचायक था, किंतु गोरी द्वारा प्राणदान का लाभ पुनः युद्ध के लिए करना अधर्म युद्ध था।

कूटनीति या शांतिकाल में अन्य राज्यों के साथ संबंध : मनु के विचार से शांतिकाल में अंतरराष्ट्रीय संबंधों को बनाने के लिए राजा एक-दूसरे के राज्यों में राजदूत भेजें और आपस में राजनयिक संबंध बनाएँ। राजदूत को बारीकी से निरीक्षण करनेवाला और मानव मनोविज्ञान को समझनेवाला होना चाहिए। उसको हाव-भाव देखकर संकेत समझने में समर्थ होना चाहिए। उसको कुशल, कुलीन और ईमानदार होना चाहिए (7:63)। उसको स्वामिभक्त, अच्छी स्मरणशक्ति और सुदर्शन व्यक्तित्व वाला, निर्भय, वक्तृत्व क्षमता से युक्त और देशकाल की समझ रखनेवाला होना चाहिए। सेनापति पर सेना निर्भर होती हैं, प्रजा की रक्षा सेना पर निर्भर होती है, कोष और शासन राजा पर निर्भर होती हैं और युद्ध व शांति राजदूत पर निर्भर होती है (7:64-5)। एक राजदूत दूसरे देशों से मित्रता बना सकता है या तोड़ सकता है। उसके ही हाथों में युद्ध और शांति की चाभी होती है (7:66)। उसको चाहिए कि वह जिस राजा के राज्य में भेजा जाए, उसके सलाहकारों से संपर्क में रहे और उनके द्वारा गुप्त योजनाओं का पता करता रहे (7:67)। इतने महत्त्वपूर्ण पद पर नियुक्त व्यक्ति की निष्ठा यदि हट जाए तो राज्य की भयंकर हानि हो सकती है, अतः मनु का सुझाव है कि ऐसी शंका होते ही राजा को उस पर निगरानी रखने के लिए एक गुप्तचर नियुक्त कर देना चाहिए (7:153)।

राज्य के नीतिनियामकों को चाहिए कि अंतरराष्ट्रीय पटल पर दृष्टि रखें और जहाँ तक हो सके शक्ति संतुलन बनाकर युद्ध की स्थिति से बचें। पड़ोसी राज्यों, युद्ध के इच्छुक राज्यों, उदासीन राज्यों, जिन राज्यों को जीतना

चाहते हों और शत्रु राज्यों की नीतियों और कार्यों पर कड़ी दृष्टि बनाए रखें। मनु अनुकूल राज्यों से मित्रता को बहुत महत्त्व देते हैं। उनके अनुसार एक मित्र राष्ट्र चाहे वह निर्बल ही क्यों न हो, किसी भी भौतिक संपदा से अधिक महत्त्वपूर्ण है। एक राज्य सुवर्ण, संपत्ति, भूमि से शक्तिशाली नहीं बनता है, जितना कि वह एक इतर राज्य के मित्र होने से बनता है। भले ही वह मित्र राज्य आज निर्बल हो, किंतु कल वह सबल भी हो सकता है। एक निर्बल मित्र भी यदि वह न्यायशील, कृतज्ञ, प्रजावत्सल तथा प्रजा को संतुष्ट रखनेवाला है तो सराहनीय ही है (7:208-9)।

मनु की कूटनीति का स्वरूप अत्यंत व्यावहारिक, उपयोगी और आज भी प्रासंगिक है। मंडल का सिद्धांत एक प्राकृतिक प्रवृत्ति पर आधारित सिद्धांत है, अत: यह लगभग सार्वभौम है। इसको भारत के संदर्भ में देखें तो भारत की सीमाओं से सटे हुए पाकिस्तान और चीन, भारत के सहज शत्रु हैं, जबकि सोवियत संघ चीन से मिलती सीमाओं के कारण भारत का सहज मित्र रहा है। सोवियत संघ के विघटन और सीमाओं में परिवर्तन के बाद भी सोवियत रूस भारत का सहज मित्र है। पाकिस्तान के पड़ोसी अफगानिस्तान में लोकतांत्रिक सरकार बहाल होते ही भारत के साथ अच्छे संबंध हुए। दूसरी ओर सब प्रयास करने के बाद भी पाकिस्तान अफगानिस्तान के साथ मित्रवत संबंध नहीं बना पा रहा है। नेपाल और भूटान वे देश हैं, जिनकी सीमाएँ तो भारत से मिलती हैं, लेकिन भारत के शत्रु चीन से भी सीमाएँ मिलने के कारण अधिकतर इन देशों की भारत से मित्रता ही रहती है। यूरोपीय देशों की नीतियों पर भारत-पाक तनाव का कोई विशेष असर नहीं पड़ता, अधिकतर अवसरों पर वे उदासीन हैं। पाकिस्तान पहले अमेरिका और अब चीन के शरणागत रहता है; यह संश्रय है, जिसको मनु ने षड्गुण में से अंतिम उपाय माना है। बंगलादेश से लगातार विवादों का निपटारा, भूटान, नेपाल और अफगानिस्तान में बड़ा निवेश दाम का उदाहरण है। भारत द्वारा पाकिस्तान में घुसकर सर्जिकल स्ट्राइक करना दंड का उदाहरण है। पाकिस्तान और चीन द्वारा भारत में आतंकवाद को बढ़ावा देना एक छद्म युद्ध भेद हैं। सन् इकहत्तर में भारत ने पाकिस्तान की सीमा में घुसकर युद्ध किया, वह यान का उदाहरण है। □

संदर्भ ग्रंथ सूची

1. Asha Rani Tripathi, Manu Smriti : A Critical Study and its Relevance in the Modern Times, D.K. Print World Ltd.
2. Aurobindo Ghosh, Foundation Of Indian Culture.
3. Dharampal, The Beautiful Tree, Other India Press, Goa.
4. Donald R. Davis Jr., The Spirit Of Hindu Law, Cambridge University Press.
5. K.V.R. Aiyanger, Aspects of Social And Political Aspects Of Manusmriti, Lucknow University.
6. Kewal Motwani, Manu : A study In Hindu Social Thought , Ganesh & Co.
7. Kewal Motwani, Dharmshastra Of Manu.
8. Madam H.P. Blavatskey , The Secret Doctrine.
9. Madhu Kishwar, Codified Hindu Law : Myth And Reality, Economic And Political Weekly, Vol-29.
10. Mark Mc Clish, Dependence of Manu's Seventh Chapter On Arthshastr, American Oriental Society.
11. P. Mookerjee, Property Rights Of Women As Recorded In Kautilya's Arthshastra And Manusmriti.
12. P.V. Kane, Dharmshastra, Hindi Samiti, Soochanaa Evam Itihaas Vibhag, Lucknow.
13. Patrick Olivelle, Manu's Code Of Law : A Critical Edtition Of Manav Dharmshastra.
14. Paul Brunton, The Hidden Teachings Beyond Yoga, Rider & Co., London.
15. Paul Hacker & Donal R. Davis Jr, Dharm In Hinduism, Journal Of Indic Philisophy Vol-134.

16. Prashant Tripathi, Smriti Vimarsh, Vidya Prakashan.
17. R.N. Dandekar, Sources Of Indian tradition.
18. Radha Kumud Mookerjee, Edited Volume: Vikram Volume, Scindia Oriental Institute.
19. Ramprasad Dasgupta, Crime And Punishment In Ancient India, Book Company, Calcutta.
20. Wernier F. Menski, Crime And Punishment In Hindu Law And Under Modern Indian Law.

□□□